Monumenta Sacra

Herausgegeben vom Heimat- und Verkehrsverein Siersburg

Bibliografische Information der Deutschen Nationalbibliothek
Die Deutsche Nationalbibliothek verzeichnet diese Publikation in der Deutschen Nationalbibliografie; detaillierte bibliografische Daten sind im Internet über http://dnb.d-nb.de abrufbar.

ISBN 978-3-95602-032-2

Am Rech 14
66386 St. Ingbert
Tel: (0 68 94) 1 66 41 63
Fax: (0 68 94) 1 66 41 64
E-Mail: info@conte-verlag.de
Verlagsinformationen im Internet unter www.conte-verlag.de

Umschlag: Markus Dawo
Satz: Hans-Dieter Eggers
Druck und Bindung: Faber, Mandelbachtal

Monumenta Sacra

Werner Klemm
Hans-Dieter Eggers
Hermann Fries

Weihestätten im Tal der Nied

Lieux de culte et art sacré au Pays de Nied

Moselfränkische Beiträge **Jean-Louis Kieffer**

Französische Texte **Hans-Joachim Martin**

CONTE *verlag*

Ausschnitt einer Karte von 1705 mit Darstellung der Nied und ihrer beiden Quellflüsse

« Le Cours de la Sare aux Environs de la quelle se trouve diverses provinces qui composent la province de la Sare ou Lorraine Allemande. » Par Nicolas de Fer, Paris 1705

Grußwort

Dieses Buch bietet einen einzigartigen Einblick in die Geschichte des Niedtales. Der Fluss fließt heute sowohl in Deutschland als auch in Frankreich und verbindet auf diese Weise die Menschen diesseits und jenseits der Grenze. Ich bin sicher, dass dieses Buch, in seiner zweisprachigen Fassung, dazu beitragen wird, Menschen aus Lothringen und dem Saarland für ihr gemeinsames historisches Erbe zu begeistern. Die religiösen Monumente, die im Laufe der Geschichte an der Nied errichtet wurden, sind Kulturgüter und dürfen nicht in Vergessenheit geraten. Es ist den Autoren in diesem einzigartigen Werk gelungen, die Schätze des Niedtals anhand von zahlreichen Details, Abbildungen sowie präzisen Ereignissen und Anekdoten ein neues Leben zu schenken und Interesse dafür zu wecken.
Lassen Sie sich von diesem Buch durch die Grenzregion führen, auf den Spuren der Geschichte.

Frédéric Joureau

Consul Général de France en Sarre

Vorwort

Das Niedtal ist von jeher die Heimat religiöser Menschen. Sie verehrten und verehren hier seit Jahrtausenden unterschiedliche Gottheiten mit der Bitte um (himmlischen) Beistand im festen Glauben an ein Leben nach dem Tod. Zur Religionsausübung sind heilige Orte, Andachtsorte und Gedenkstätten notwendig – Monumenta Sacra. Diese in ihren verschiedenen Ausformungen über die Zeiten hinweg zu dokumentieren, haben wir uns zur Aufgabe gemacht. Bevor wir jedoch damit beginnen, wollen wir zunächst einen Blick auf das Flüsschen Nied und das umliegende Land werfen.
Der Name unseres Flusses soll sich von dem keltischen Wort „nid“, was so viel heißt wie „fließen“, herleiten. Die Römer nannten ihn „Nida“.
Die Deutsche Nied entspringt auf dem Gebiet der Gemeinde Guenviller (Genweiler), östlich von St. Avold, aus mehreren kleinen Quellbächen; die Französische Nied hat ihre Quelle weiter südwestlich in dem kleinen Ort Marthille bei Morhange (Marthil in der Nähe von Mörchingen). In Condé-Northen (Konden) vereinigen sich die beiden Quellflüsse unter Ablegen ihrer Beinamen zur Nied, die dann bestenfalls noch in einen französischen und – nach Überwinden der Staatsgrenze in Niedaltdorf – einen kürzeren deutschen Teil von nur 16 km unterschieden werden kann.
Die Nied ist der zweitgrößte Nebenfluss der Saar oder, was uns besser gefällt, der größte linksseitige Zufluss zur Saar. Die Französische Nied ist der längere Fluss, immerhin 59 Kilometer lang, während die Deutsche Nied mit 57 Kilometern auskommen muss. Wenn die Nied dann bei Fremersdorf in die Saar mündet, hat sie eine Strecke von 114 Kilometern hinter sich und darf teilhaben an der Reise hin zur Mosel, zum Rhein und schließlich zur Mündung in die Nordsee.
Wichtige Orte an der Französischen Nied sind aus unserer Sicht Courcelles-Chaussy (Kurzel), an der Deutschen Nied St. Avold und Faulquemont (Falkenberg). Nach der Vereinigung liegen Boulay (Bolchen), Freistroff (Freisdorf), Bouzonville (Busendorf) und auf deutscher Seite Niedaltdorf, Hemmersdorf und Siersburg an ihren Ufern.
Die Nied mit ihren beiden Quellflüssen ist ein weitgehend naturbelassenes Gewässer und bildet eine wunderschöne waldreiche, von satten Wiesen begleitete Flusslandschaft. Ihr wichtigstes Merkmal aber ist, dass sie grenzüberschreitend Lothringen mit dem Saarland verbindet und uns eine weit in die Geschichte zurückreichende gemeinsame Kultur erfahren lässt.
Diese Region war seit Jahrtausenden, bis zum Ende der napoleonischen Herrschaft im Jahre 1815, ein zusammenhängender politischer Raum ohne Grenzen. Deshalb kann unsere Beschreibung der kulturell-religiösen Reichtümer des Niedtales natürlich nicht an der deutsch-französischen Grenze enden. Dass sich die Orte Bouzonville und Rehlingen-Siersburg zu einer Städtepartnerschaft zusammengeschlossen haben, ist aus ihrer langen gemeinsamen Geschichte heraus eigentlich nur selbstverständlich.
Diese Geschichte war für uns Anlass, neben den modernen auch alte und älteste Belege sakraler Kultur zu dokumentieren. Gelegentlich haben wir

Die Nied bei Hemmersdorf

wegen der großen Bedeutung der Orte unser Thema etwas weiter gefasst und das Niedtal um wenige Kilometer überschritten, zum Beispiel bei den Ruinen des Zisterzienserklosters in Villers-Bettnach, bei dem schönen sakralen Ensemble in Hombourg-Haut oder bei der Kultstätte am Hérapel.
Die mit historischen Erinnerungen verbundenen Denk- und Mahnmale sind aber nicht immer nur schön und weihevoll. Sie erinnern auch an Kriege und Verbrechen gegen die Menschlichkeit, an unendliches Leid und tiefe Trauer. Auch dafür finden sich zahlreiche Zeugnisse im Niedtal, vor denen wir die Augen nicht verschließen konnten.
Während der Recherchen zu diesem Buch, bei zahlreichen Besuchen in Lothringen, haben wir nur Verbindendes gefunden, freundliches Entgegenkommen, Hilfsbereitschaft und Gastfreundschaft. An der Nied allemande konnten wir uns oft in dem uns geläufigen moselfränkischen Dialekt, der ursprünglichen Sprache des östlichen Niedtales, den die Franzosen Francique mosellan nennen, verständigen. Im Gebiet der Nied française war das nicht möglich, denn zwischen den beiden Quellflüssen verläuft eine Sprachgrenze – hier wird nur noch französisch gesprochen.
Für das Verständnis des Niedtales und seiner Bewohner ist noch ein Blick auf die Geologie der Region, von der Warndtkohle über den Muschelkalk bis hin zum Buntsandstein (*Gau un Grüs*) wichtig.
Zahlreiche Fossilien zeugen von großen Meeren in vorgeschichtlichen Zeiten. Der Gauboden ist fruchtbar und hat hier früheste Siedlungen ermöglicht. Der Kalk hat die Ansiedlung erster großer Industrien und einen regionalen Bergbau (Firma Knauff) mit sich gebracht. Die Natur ist vielfältig, wie der frühere Weinbau beweist, zudem erfreuen Orchideenwiesen die Naturfreunde. Der Fischreichtum der Nied, in der wahrscheinlich alle im Saarland bekannten Fischarten vorkommen, zeugt von gutem, sauerstoffreichem Wasser.

Dieses Buch ist entstanden aus dem Wunsch, Mittel für die Renovierung des ältesten Sakralbaues im deutschen Teil des Niedtales, der St. Willibrord-Kapelle in Siersdorf, zu erbringen. Und so hoffen wir, in aller Bescheidenheit, auf eine gute Resonanz.

Siersburg, im Herbst 2014

Werner Klemm Hans-Dieter Eggers Hermann Fries

Avant-propos

De tout temps, la vallée de la Nied a accueilli des « monumenta sacra », à savoir des lieux de culte et de rassemblement pour les fidèles et croyants venus y vénérer les divinités les plus diverses, pour demander leur intercession, dans l'espérance d'une vie éternelle. Nous avons souhaité recenser cette diversité religieuse dans toutes ses formes, au fil de l'histoire.
Mais avant de commencer, nous allons d'abord jeter un bref regard à la rivière « Nied », ainsi qu'au pays alentour.
Le nom de ce cours d'eau proviendrait du verbe indo-européen, préceltique «nid», « couler ». Les Romains l'appelaient « Nida ».
La source orientale de la Nied allemande se situe sur le territoire de la commune de Guenviller, à l'est de Saint-Avold, où elle est issue de plusieurs petits ruisseaux captant les eaux de ruissellement de versants essentiellement forestiers. En revanche, la Nied française naît près de la petite ville de Marthille, à l'ouest de Morhange. À Condé-Northen, les deux rivières, perdant alors leurs qualificatifs respectifs, se rejoignent en un seul et unique confluent, appelé la basse Nied ou encore la Nied réunie; celle-ci atteint le territoire allemand à Niedaltdorf.
Par sa longueur, la Nied réunie est le deuxième affluent de la Sarre. Au fil de l'eau, la Nied française parcourt 59 kilomètres, tandis que la Nied allemande doit se contenter, elle, d'un itinéraire de 57 kilomètres. Ainsi, au moment de se jeter dans la Sarre près de Fremersdorf, la rivière a déjà parcouru 114 kilomètres en tout; elle poursuit ensuite sa route en direction de la Moselle et du Rhin, pour finalement rejoindre la mer du Nord.
Tout comme Saint-Avold et Faulquemont pour la vallée de la Nied allemande, la ville de Courcelles-Chaussy constitue une étape importante dans le bassin de la Nied française. La Nied réunie traverse de nombreuses communes de part et d'autre de la frontière, dont les communes lorraines de Boulay, Freistroff, Bouzonville ainsi que, du côté sarrois, les communes de Niedaltdorf, Hemmersdorf et Siersburg.
Le cours de la Nied avec ses deux affluents est pratiquement resté à l'état naturel ; il accompagne sur son itinéraire de magnifiques paysages boisés. Aujourd'hui transfrontalière, sa caractéristique la plus importante, cette rivière relie la Lorraine à la Sarre, permettant aux habitants des deux pays de remonter très loin dans leurs histoire et culture communes.
Pendant des millénaires, et jusqu'à la fin de la domination napoléonienne en 1815, cette région a constitué un seul et unique espace géopolitique. Si bien que notre description des richesses culturelles et religieuses de la vallée de la Nied ne pouvait simplement s'arrêter à la frontière franco-allemande actuelle.
Ainsi, le jumelage entre Bouzonville et la commune de Rehlingen-Siersburg semble l'aboutissement tout à fait logique de leur longue histoire commune.
Ce passé historique commun nous a incités à retracer la piété populaire et l'art sacré dans la vallée de la Nied dans leurs manifestations anciennes et récentes.
À l'occasion, nous avons quelque peu élargi notre champ de recherche en raison de l'importance des lieux, en nous écartant de quelques kilomètres de la

La Nied française à Pange

vallée à proprement parler. Ainsi, nous avons inclus dans notre documentation les vestiges et ruines de l'abbaye cistercienne de Villers-Bettnach, la collégiale Saint-Étienne de Hombourg-Haut et le site archéologique du Mont Hérapel, nécropole de l'antiquité tardive.
Les monuments commémorant les souvenirs du passé ne sont pas simplement « beaux » ou imposants. Rappelez-vous aussi les guerres et les crimes contre l'humanité, avec leur lot de souffrances sans fin et la profonde désolation qui en résulte. Dans le bassin de la Nied, de nombreux témoignages de ces blessures du passé sont toujours visibles, sur lesquels nous n'avons pas voulu fermer les yeux.
Lors de nos déplacements en Lorraine, nous avons rencontré une belle volonté d'entente de la part de nos interlocuteurs locaux ainsi qu'une grande serviabilité et hospitalité à notre égard. Nous en sommes profondément reconnaissants. Le long de la Nied allemande, nous avons pu communiquer en francique mosellan, le dialecte parlé de part et d'autre de la frontière, et qui est la langue régionale commune dans la vallée de la Nied orientale. En revanche, du côté de la Nied française, à proximité de la frontière linguistique mosellane, nous avons dû avoir recours au français.
Pour bien comprendre la vallée de la Nied ainsi que ses habitants, il est important d'étudier de plus près la géologie de cette région. On y trouve aussi bien du charbon (dans l'ancien bassin houiller du Warndt), des sédiments de calcaire coquillier ou des falaises de grès rose. De nombreux fossiles témoignent de l'occupation de cette région par des océans, au temps de la préhistoire. Très tôt, ces sols fertiles ont permis l'installation des premiers habitats humains.
Les sédiments de calcaire coquillier sont également à l'origine des premières entreprises industrielles importantes, avec une exploitation minière locale (Entreprise Knauff). Autrefois, la viticulture était pratiquée sur les coteaux de la Nied ; de nos jours, cette activité agricole a disparu mais on y trouve toujours une flore abondante, avec notamment la présence de champs d'orchidées, qui témoignent des richesses naturelles de cette contrée. Les eaux claires et oxygénées de la Nied réunie abritent probablement toutes les espèces régionales connues de poissons.

Avec ce livre, nous souhaitons apporter notre soutien à la rénovation de la chapelle Saint-Willibrord de Siersdorf, l'édifice religieux le plus ancien du côté allemand de la vallée de la Nied. Nous espérons vivement que cette modeste contribution trouvera un écho favorable et bienveillant auprès de nos lecteurs.

Siersburg, automne 2014

Werner Klemm Hans-Dieter Eggers Hermann Fries
Traduction et adaptation: Hilla Maria Heintz

Drei «Nitten» un än Fluss

Us Nitt és dreifaltich!
Déi wo aus em franzéischsproochijen Lothringen kémmt, trefft én Konchen-Northen déi aus em deitschsproochijen Lothringen un alle zwei én äner Rutsch spazieren méteñänner bés én de Saar.
Weit héer én den uralten Zeiten, so wéi de Legend von der Nittnix et erkennen lisst, woar us „Nidda“ (oder Nitta) en heelijer Fluss. Wasser bréngt Fruchbachkeet, Wasser schétzt, Wasser häält, Wasser sammelt de Minschen. Un do wo de Leit sich treffen, treffen sich och de Götter un de Heelijen.
De Spueren von fréijer (alte Legende, heelije Quellen, keltische un Römer Götter) un déi von haut (Kérchen, Kapellen Weechkreizer) beweisen all, datt der Minsch eppes meh wéi Brot un Wein braucht.
De Autoren un Verfassern von déim Bouch lo sénn ze bedanken. Se hann us kloar gemach, datt de Leit vom Gau un déi vom Gréiβ of beeden Zeiten von der Nitt un von der alt Grenz de selwich Gedanken, de selwich Mentalität, de selwich Kultur un zegar noch de selwich Sprooch hann.
De Nitt éss us Réppstrank!
Aan déer hängen us Dierfer, us Bächer un Wälder, do erkennen mir, wo mir dahäm sénn.
Lossen us spazieren gehn duerch dat Bouch langescht der Nitt, duerch de Zeit von fréijer bés haut un von haut bés fréijer. Rof un Ronner!
Déer wo aan Gott glääwt un déer wo ehn nét braucht… déer aus Lothringen, déer aus em Saarland … déer von héi un déer von lo … all' sénn eegelaadt us besser kennen ze lieren do wo de Nitt duerch Feld, Wiesen un Wälder seit vill Dausend Johren us Wasser sammelt un weider schéckt.
Emmer anner Wasser un doch et Selwijet … émmer anner Glauben un doch de selwich Leit, de selwich Hoffnung.

Jean-Louis Kieffer

I

Vorgeschichte und keltisch-römisches Erbe

Préhistoire et héritage gallo-romain

Vorchristliche Weihestätten

Prähistorische Zeit

Die früheste nachweisbare Epoche der Menschheitsgeschichte in unserer Region ist die Steinzeit, die Zeit der Jäger und Sammler, gekennzeichnet durch Steinwerkzeuge. Mit der Entwicklung der Sprachfähigkeit sind vermutlich auch die ersten Mythen, der Glaube an Dämonen und ein Totenkult entstanden. Aber wir wissen so gut wie nichts über Rituale und religiöse Zeremonien aus dieser Zeit. Zahlreich sind im Niedtal die Zeugen frühester Besiedlung wie Faustkeile, Steinbeile und Waffen aus der Steinzeit. Sie sind aus fremdem, hartem Gestein, und nach Jahrtausenden erinnert sich niemand mehr an ihre ursprüngliche Funktion.

Fundort Filstroff

Spätere Menschen glaubten, dass ein Gott Thor (oder Donar) alle sieben Jahre mit einem Blitz seinen Samen in Form von Donnerkeilen zur Erde schickte und so den Boden befruchtete. Donnerkeile galten als heilig. Der Ort, an dem sie lagen, konnte nicht noch einmal vom Blitz getroffen werden. So findet man denn auch in römischen Villen in das Mauerwerk eingelassene Donnerkeile als Apotropäum (ein Zaubermittel, das Unheil abwehren soll) – sicher ist sicher!

Bronze- und Eisenzeit

Der Steinzeit folgt etwa 2.200 Jahre vor unserer Zeitrechnung die erste Periode, in der Metallgegenstände, vorwiegend aus Bronze, einer Legierung aus Kupfer und Zinn, hergestellt wurden – die Bronzezeit.
Die ältesten Spuren sakraler Weihestätten im Niedtal reichen in diese Epoche zurück. Vielerorts finden wir Relikte der Hügelgräberkultur (Mittlere Bronzezeit) und der Urnenfelderkultur (Späte Bronzezeit).
Zunächst wurden die Toten in Grabhügeln beigesetzt, wobei die Gräber der reichen und mächtigen Verstorbenen mit prunkvollen Beigaben ausgestattet waren, was wiederum Rückschlüsse auf den Jenseitsglauben dieser Menschen zulässt.
Die Archäologie gestattet uns einen Einblick in das religiöse Denken jener Zeit. Der Leichnam wurde in einer Hockstellung bestattet, immer mit Blick nach Osten, in Richtung der aufgehenden Sonne. Dabei lagen die Männer mit dem Kopf nach Norden, die Frauen mit dem Kopf nach Süden, gerade so, als gäbe es im Jenseits unterschiedliche Regionen für Männer und Frauen. Vergleichbar mit unseren heutigen Friedhöfen wurden auch Hügelgräber in Gruppen angelegt, wobei es in Größe und Form der Gräber erhebliche Unterschiede gab. In unserer Gegend sprechen wir, wegen der geringen Höhe, eher von „Buckelgräbern". Hinzu kommt, dass die Grabhügel durch die Erosion flacher und zum Teil durch die Bodenbestellung völlig eingeebnet wurden. Einige Erdhügel waren von kreisförmigen Mauern umgeben, wie zum Beispiel in Fremersdorf auf dem „Bilsknop".
In der späteren Bronzezeit änderte sich der Totenkult. Die Leichen wurden verbrannt

und ihre Asche in Urnen auf großen Friedhöfen, sogenannten Urnenfeldern, beigesetzt. Etwa 800 v. Chr., als die Gewinnung und Verarbeitung eines neuen Metalls, des Eisens, aufkam, begann die dritte und letzte Periode der Vorgeschichte – die Eisenzeit.
Träger dieser Kultur waren in Mitteleuropa die Kelten, die eine Meisterschaft in der Bearbeitung des neuen Materials entwickelten. Ihre Eisenwaffen wurden legendär. Auch das Tal der Nied war bis zur Eroberung durch die Römer von Kelten besiedelt und lag im Grenzbereich zwischen den Mediomatrikern mit ihrem Zentrum in Metz und den Treverern mit ihrem Hauptort Trier. Die Siedlungsgebiete dieser beiden Stämme lassen sich noch heute durch die Sprachgrenze nachvollziehen, die zwischen den beiden Quellflüssen der Nied verläuft, denn die Treverer sprachen vermutlich einen germanischen Dialekt, obwohl man sie zu den Kelten zählt.

Bei den Hügelgräbern, von denen es auch im Niedtal einige gibt, treffen wir auf Glaubensrelikte und Bestattungsriten aus vorgeschichtlicher Zeit. Hier ein Beispiel aus Niedaltdorf.

L'âge du bronze et l'âge du fer

Le premier métal connu, le cuivre, a fait son apparition dans notre région à la fin du IIIe millénaire. La transition vers l'âge du bronze s'est faite aux environs de 1800 avant notre ère. Les plus anciens vestiges de sanctuaires découverts au pays de Nied datent de cette époque. On a trouvé en de nombreux endroits des traces de tumulus, qui remontent à l'âge du bronze moyen et de champs d'urnes datant du bronze final, vers 1 200 av. J.-C.
On enterrait les morts dans des tumulus, en entourant les personnages riches et puissants d'offrandes somptueuses. Ces usages nous permettent de conclure qu'il existait bel et bien une croyance en un au-delà.
Grâce aux découvertes archéologiques, nous sommes désormais en mesure de nous faire une idée plus précise des croyances religieuses de ce temps-là. Le défunt était enterré

dans une position assise, le regard toujours tourné vers l'est, où se lève le soleil. Mais tandis que la tête des hommes était orientée vers le nord, celle des femmes l'était vers le sud, tout comme s'il existait dans l'autre monde des demeures différentes pour les hommes et les femmes. Il y a en outre des différences notables entre les tumulus au niveau de la forme et de la taille et on a aussi regroupé des tertres comme nous réunissons aujourd'hui les tombes dans un seul et même cimetière.
Les tertres de notre région ne sont pas très hauts, ils épousent plutôt la forme d'une bosse (« *Buckelgräber* »). Quelques tumulus étaient délimités par des murs d'enceinte circulaires maçonnés comme celui de Fremersdorf sur le « Bilsknop ».
Malheureusement l'érosion a fait son œuvre, tout comme le déboisement et la mise en culture. Tous ces facteurs réunis ont conduit par endroits au nivellement quasi total des tertres, voire à leur destruction.
Cependant les rites funéraires ont changé à l'âge du bronze final avec l'arrivée dans notre région de nouveaux peuples en provenance de l'Est. Ces « peuples des champs d'urnes » amenaient des rites jusque-là inconnus : ils brûlaient leurs morts et enterraient les urnes contenant les cendres dans de vastes cimetières, des champs d'urnes. Notons tout de même que la pratique de l'inhumation des morts n'a pas disparu du jour au lendemain, car il y a eu coexistence, en de nombreux endroits, des incinérations et des inhumations que continuaient à pratiquer les anciens habitants.
Mais les civilisations du bronze arrivèrent à leur terme et avec l'emploi d'un métal jusqu'alors inconnu vers 800 av. J.-C. commence une nouvelle ère dans l'histoire de l'humanité. Les Celtes sont passés maîtres dans l'art de forger et de travailler le fer. Ils excellaient en effet dans la fabrication d'armes et d'objets en tous genres avec ce nouveau matériau si précieux. Notre région aussi était habitée par ce peuple au moment de la conquête de la Gaule par les Romains de Jules César. Les tribus qui s'étaient installées chez nous étaient les Médiomatriques et les Trévires. Leurs chefs-lieux étaient respectivement Metz et Trèves. La frontière linguistique, toujours existante de nos jours, permet de situer géographiquement les régions habitées en leur temps par ces deux peuples. La frontière passe entre les deux rivières qui prennent naissance aux sources de la Nied.

Urnenreste aus einem Hügelgrab

Heimatmuseum Hemmersdorf

„Bilsknop“ in Fremersdorf

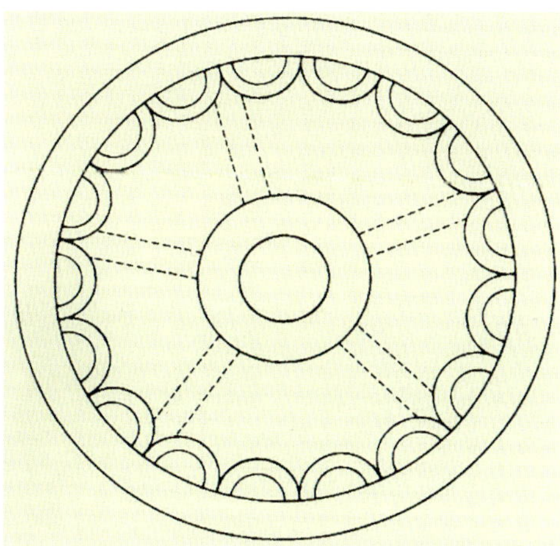

Grundriss des Hügelgrabes
in Fremersdorf (nach H. Maisant)

Den „Bilsknop“ in Fremersdorf, eines der bekanntesten Beispiele eines Hügelgrabes aus gallo-römischer Zeit, wollen wir etwas näher betrachten. Zwar ist heute kaum noch etwas davon zu sehen, aber wir haben das Zeugnis des Herren Christoph von Galhau aus dem Jahre 1746, der leider das archäologische Denkmal zerstörte, indem er es als Baumaterial nutzte: „Von den kleinen Steinen habe ich die Gartenmauer des Rothauses und eine Ecke des Kaplanshauses machen lassen, die viereckigen behauenen Steine sind ebenfalls zu anderen Gebäuden verwandt worden.“ Aber immerhin hinterließ er eine detaillierte Beschreibung seines Fundes:
„Auf der Platte des Hügels stand eine geschlossene kreisförmige Mauer. Der Durchmesser des Kreises betrug 75 Fuß. Der innere Rand dieser Mauer ist in 17 gleiche Theile getheilt, von jedem Theilungspunkt zu seinem nächsten, geht eine halbkreisförmige Mauer. Sechs Fuß vom Mittelpunkt des großen Kreises entfernt, zieht sich um denselben eine andere Ringmauer, von dieser gehen wie Radspeichen 5 Mauern aus in die oben erwähnten Theilungspunkte; sie schlossen 3 mal drei der oben erwähnten Halbkreise ein, und 2 mal vier derselben. Die Ringmauern waren 6 Fuß dick, waren aus schweren viereckigen Kalksteinen gebildet, die ohne Mörtel auf einander lagen.“

Le « Bilsknop » de Fremersdorf est l’un des exemples les plus connus d’un tumulus datant de l’époque gallo-romaine découvert dans notre région. Nous en possédons une description rédigée en 1746 par Christoph de Galhau qui eut cependant la malencontreuse idée de se servir des pierres retrouvées dans ce tertre funéraire comme matériaux de construction à son usage personnel. Cela constitue pour nous une perte irréparable car il éparpilla définitivement de cette manière les précieux vestiges des temps passés.
De Galhau fournit dans son témoignage un plan de construction détaillé du tumulus. Celui-ci était enclos d’un mur d’enceinte circulaire d’un diamètre de 75 pieds. Dans son milieu se trouvait un autre mur circulaire nettement plus petit qui servait de point de départ à cinq murs droits orientés vers l’enceinte extérieure donnant à l’ensemble ainsi formé l’apparence d’une roue avec ses rayons. Les pierres calcaires utilisées pour la construction étaient carrées et avaient une épaisseur de 6 pieds. En l’absence de mortier ou de tout autre liant, elles avaient été simplement superposées.

Kelten und Römer

Über die Kelten, ob sie nun Keltoi, Celtae, Galli oder, wie in der Bibel, Galater genannt wurden, sind wir, beginnend mit dem ersten Historiker Herodot im fünften vorchristlichen Jahrhundert, durch zahlreiche Berichte griechischer und römischer Autoren gut unterrichtet, obwohl die Kelten selbst keinerlei schriftliche Zeugnisse hinterlassen haben. Hinzu kommt eine überaus große Zahl archäologischer Funde, die unter anderem belegen, dass sich in der Grab- und Bestattungskultur gegenüber der späteren Bronzezeit zunächst kaum etwas veränderte. Die Toten wurden weiterhin verbrannt und in Urnenfeldern beigesetzt. Der Kult lag in den Händen von Druiden, Priestern, denen magische Fähigkeiten zugeschrieben wurden, unter anderem der, dass sie die Sprache der Götter verstünden.
Mit der Eroberung unserer Region durch die Römer in den 50er Jahren des ersten Jahrhunderts v. Chr. und der damit verbundenen Vermischung der keltischen Urbevölkerung mit den Invasoren kam es zu grundlegenden Veränderungen in allen Lebensbereichen. Häuser wurden nicht mehr aus Holz und Stroh, sondern aus Stein und gebrannten Ziegeln gebaut. Das Bier, typisches Getränk der vorrömischen Zeit, wich allmählich dem Wein. Olivenöl wurde in Mengen importiert. Die salzige Fischsauce „Garum“, eine Spezialität der Römer, wurde bald auch das Lieblingsgewürz der Kelten.
Auch auf dem Gebiet der Religion gab es durch die Romanisierung weitreichende Veränderungen. Einerseits wurde die vorrömische, die „druidische“, Religion wegen ihrer barbarischen Rituale unterdrückt – wahrscheinlich gehörten sogar Menschenopfer dazu –, andererseits wurden lokale Götter, wenn es sich anbot, mit römischen Gottheiten verschwistert und erhielten Doppelnamen wie zum Beispiel Sucellus-Silvanus. Der keltische Grannus wurde auf diese Weise zum römischen Apoll.

Selon l'usage établi, nous parlons de Celtes au sens propre du terme à partir du milieu du Ve siècle av. J.-C. quand des peuples venant de l'Est s'installèrent en Gaule. Ces envahisseurs n'eurent pas grand mal à imposer leurs mœurs et coutumes nouvelles à un pays faiblement peuplé. Ces Gaulois ou Celtes se révèlent à nous d'abord par le contenu de leurs sépultures. En effet, un nombre impressionnant de découvertes archéologiques montre que, dans un premier temps, il n'y eut pas de modifications notables dans les pratiques et les rites funéraires. On continua donc à incinérer et à inhumer les morts dans des champs d'urnes.
C'est à partir du IIe siècle avant notre ère que les auteurs antiques comme Tite-Live, César, Pline, Strabon, Diodore et Tacite commencent à s'intéresser aux Celtes. Grâce à leurs observations et notations, nous sommes bien renseignés sur ces peuples qui habitaient la Gaule sans pourtant laisser de traces écrites d'aucune sorte. Nous apprenons que le culte de la terre-mère sous toutes ses formes était la plus importante et la plus durable de toutes les croyances en présence. Cette adoration de la Terre féconde remontait certainement à la préhistoire et ne s'adressait pas à une divinité particulière et individualisée. Ce culte restait donc assez vague. Il permettait aux Celtes de vénérer en outre les menhirs, un rocher qui par sa forme évoquait un animal ou un profil, certains arbres de la forêt, les sources, les rivières et les lacs dans lesquels ils voyaient les émanations d'une divinité diffuse. De manière simple on peut constater que tout ce qui leur paraissait étrange se prêtait à l'adoration.

Ne négligeons pourtant pas les particularismes et les différences qui persistaient entre les peuples gaulois. L'adoration des dieux variait selon les régions. Cependant, César a observé que le culte rendu à Mercure était le plus répandu. Il revenait à la caste des druides, ces intermédiaires entre les humains et les dieux, de célébrer l'office divin et d'interpréter les augures. La place qu'occupaient les membres de cette élite aristocratique et intellectuelle dans la société celtique était de tout premier ordre. Les fonctions et les tâches qu'ils remplissaient étaient multiples et d'une importance capitale. Elles leur assuraient de nombreux privilèges. De manière générale, on peut dire, qu'en dehors de la prêtrise, leur pouvoir et leur prestige étaient fondés sur leurs compétences de médecins et de guérisseurs, de chirurgiens, de maîtres à penser, de magiciens et d'arbitres suprêmes en cas de litige. Ils connaissaient l'écriture sans pour autant s'en servir, car ces dépositaires d'un vaste savoir dispensaient un enseignement exclusivement oral. Ils enseignaient que l'âme humaine était immortelle et passait après la mort d'un corps dans un autre. Le gui, plante pérenne, que ces vénérables vieillards cueillaient, selon la légende, avec une faucille d'or était le symbole de cette vie après la mort. Cette croyance fondamentale permettait de surmonter la peur de la faucheuse. Que les druides aient sacrifié des vies humaines lors de leurs offices relève de la légende.
La conquête de la Gaule et de notre région par Jules César à partir de 58 av. J.-C. marque le début d'une ère nouvelle. Le mélange de la population indigène avec les nouveaux arrivants – on peut désormais parler de Gallo-Romains – ne tarda pas à provoquer un bouleversement du mode de vie de nos ancêtres dans pratiquement tous les domaines. En résumé, la fusion entre le celtisme et le romanisme fit émerger une nouvelle civilisation qui se démarqua bientôt profondément du monde germanique. En voici quelques exemples :
Les maisons de bois couvertes de chaume cédèrent la place à des habitations en pierre aux toits de tuiles. À la bière, boisson fort répandue chez les Celtes, ces inventeurs du tonneau préférèrent bientôt le vin qui, au début, leur montait malheureusement vite à la tête parce qu'ils n'y étaient pas habitués et avaient du mal à se limiter lors de leurs célèbres banquets bien arrosés. On importa de grandes quantités d'huile d'olive et on commença à apprécier des épices inconnues jusque-là. La conquête romaine amena aussi des changements notables dans le domaine religieux car la puissance dominatrice mit fin au pouvoir des druides et ouvrit la voie à la romanisation des âmes en instaurant le culte de l'empereur. En outre, les élites gallo-romaines rendirent un culte à des dieux romains comme Jupiter, Apollon, Mars et Mercure.
D'autre part, la majorité des Gallo-Romains ne suivit pas complètement. Elle profita habilement de la tolérance romaine pour rester fidèle à ses bons vieux dieux celtes et pour sauvegarder quelques traits caractéristiques de l'architecture sacrée et des rites hérités des ancêtres. Citons à titre d'exemple la survivance du culte des montagnes et des pierres, l'adoration des arbres et des forêts, la vénération des eaux de sources et des eaux guérisseuses sans oublier les dieux-animaux, la célèbre déesse Epona et les déesses mères. Par ailleurs, il n'est peut-être pas étonnant que les Gallo-Romains aient assimilé certaines divinités de leur cru aux dieux romains. Ainsi des divinités locales fusionnèrent-elles avec des dieux d'origine romaine et furent-elles adorées sous un double nom, comme ce fut le cas de Sucellus-Silvanus, le dieu au maillet protecteur des vignobles et des maisons.

Nun galt nicht nur das alte staatstragende römische Pantheon, das die neuen Herren mitbrachten, sondern Teile der Besatzungsmacht, nämlich Soldaten, die in Ägypten oder im vorderen Orient jahrelang Dienst getan hatten, brachten den Isis-Glauben und den Mithras-Kult mit. Auch diese „Sekten“ haben Spuren im Niedtal hinterlassen.

Isis

Schon im 5. Jahrhundert v. Chr. war Isis eine der wichtigsten Gottheiten in Ägypten. Sie war die Göttin, die den Nil über die Ufer treten ließ und so dem Land Fruchtbarkeit schenkte. Zudem war sie eine Göttin der Genesung, Überwinderin des Todes und Muttergottheit. Sie war die Frau des Gottes der Unterwelt, Osiris. Nachdem das Land am Nil unter Caesar römische Provinz geworden war, etablierte sich durch die Legionäre, die in Ägypten gedient hatten, der Isiskult im ganzen römischen Imperium. Bei den Römern verschmolz Isis mit der Fruchtbarkeitsgöttin Ceres. Unter Kaiser Caligula (37 bis 41 n. Chr.) wurde der Isiskult in Rom staatlich anerkannt. Er gehörte übrigens zu den Glaubensgemeinschaften, die der Christianisierung am längsten widerstanden. Seine Hauptkultstätte in Ägypten, der Tempel von Philae im Süden des Landes, wurde erst im 6. Jahrhundert auf Befehl des römischen Kaisers Justinian geschlossen, die letzten Isis-Priester ins Gefängnis geworfen.

Es gab auch unter den römischen Bürgern im Niedtal Anhänger des Isiskultes. Steinbilder dieses Kultes vom Hérapel sind in der älteren Literatur beschrieben. Während des Zweiten Weltkrieges wurden die meisten Objekte in Berlin zurstört. Erhalten hat sich im Musée de la Cour d'Or in Metz eine kleine Büste eines Isis-Priesters aus dem Schloss von Urville bei Courcelles-Chaussy.

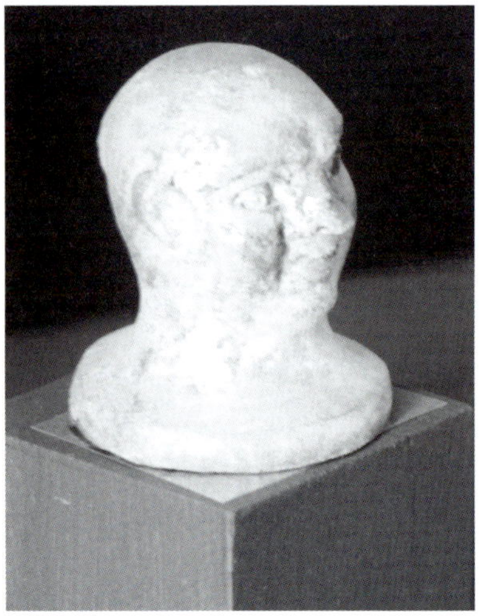

Isis-Priester aus Urville
Musée de la Cour d'Or, Metz

Déjà au Ve siècle av. J.-C., Isis figurait parmi les principales divinités égyptiennes. En sa personne, les Égyptiens vénéraient la garante des crues annuelles du Nil, artère vitale de l'Égypte qui, en déposant son riche limon nourricier, assurait le bien-être du pays. La déesse-reine Isis était aussi la protectrice des mères et des enfants, la gardienne de la maison et un précieux recours pour les malades. Grâce à ses dons de grande magicienne, elle avait, par ailleurs, rendu la vie sur terre à Osiris, son époux et conçu de lui un fils, Horus. Osiris ressuscité régnait et veillait désormais sur les morts dans l'au-delà.

Le culte d'Osiris associé à celui de sa sœur-épouse Isis se répandit dans tout l'Empire romain après la conquête de l'Égypte, alors transformée en province par Rome. De nombreux légionnaires ayant combattu ou servi dans le royaume de Cléopâtre contribuèrent à la propagation du culte dans le monde gréco-romain. Par la suite, Isis et Cérès, déesse des moissons et de la fécondité, furent confondues en une seule divinité.

Sous l'empereur Caligula, le culte d'Isis acquit un statut officiel à Rome. Il n'est pas inintéressant de noter qu'il fait partie des croyances qui résistèrent le mieux et le plus longtemps à la progression du christianisme. À preuve : c'est seulement au VIe siècle apr. J.-C. que l'empereur Justinien fit fermer le principal temple d'Isis en Égypte et emprisonner, par la même occasion, les derniers ministres du culte.

Rien ne nous empêche de penser que la vénération d'Isis était répandue parmi nos ancêtres gallo-romains dans la vallée de la Nied. La statuette d'un ministre du culte de la déesse provenant des environs de Courcelles-Chaussy, exposée au Musée de la Cour d'Or de Metz, sert de preuve tangible.

Mithras

Ein Religionshistoriker hat einmal gesagt: „Wenn das Christentum in seiner Ausbreitung auf Grund zufälliger Ereignisse gehemmt worden wäre, die westliche Welt wäre Mithras-gläubig geworden."
Mithras ist eine uralte indo-iranische Gottheit, die schon im zweiten Jahrtausend v. Chr. in Persien verehrt wurde. Das religiöse Phänomen des Mithraskultes im Römischen Reich entwickelte sich erst im ersten nachchristlichen Jahrhundert, besonders unter den Legionären, die im Osten des Reiches Dienst getan hatten.
In Rom wurde die Verbindung zum Sonnengott Sol immer enger bis hin zur Verschmelzung mit ihm, so dass Mithras schließlich mit *Sol invictus* (unbesiegter Sonnengott) gleichgesetzt wurde. Die wichtigste Tat des Mithras war die Tötung eines Stieres, aus dessen Blut neues Leben erwuchs. Der Mithraskult war ein reiner Männerkult, von dem Frauen strikt ausgeschlossen waren. Ihren Höhepunkt erlebte die Mithras-Verehrung im dritten nachchristlichen Jahrhundert, als selbst der römische Kaiser Commodus sich dem Mithraismus angeschlossen und Kaiser Aurelian den Kult kurzzeitig zur Staatsreligion erhoben hatte. Selbst Konstantin der Große war bis zu seinem Übertritt zum Christentum ein Anhänger dieses Kultes. Mit der Christianisierung des Römischen Reichs verschwand der Mithraskult und geriet rasch völlig in Vergessenheit.
Die Mithräen, so nennt man die Mithras-Heiligtümer, waren meist höhlenartig in Felswände gehauen oder gar unterirdisch angelegt.

Un historien des religions a dit: « Si des événements imprévus avaient fait obstacle à l'expansion du christianisme, le monde occidental se serait rallié au culte de Mithra. »
Mithra est un grand dieu de l'Iran ancien. Sa vénération remonte au IIe millénaire avant notre ère en Perse, s'est étendue à l'Empire romain au Ier siècle apr. J.-C. et y a pris un essor notable grâce aux légionnaires qui avaient servi dans la partie orientale de l'empire. Le culte se diffusa notamment dans les lieux de garnison et les grandes villes de l'Occident romain. À la suite d'une lente fusion avec le dieu solaire Sol, Mithra finit par être assimilé complètement à « *Sol invictus* » (Soleil invincible).
Un haut fait de Mithra était, selon la légende, le sacrifice d'un taureau. Le sang de la bête répandu au sol générait une nouvelle vie. Ce sacrifice expiatoire était au centre des offices où le prêtre se faisait arroser du sang d'un taureau abattu. La vénération de Mithra était le domaine réservé aux hommes, les femmes en étaient strictement exclues.
Le culte de Mithra fut à son apogée au IIIe siècle quand l'empereur Commode en personne fit sienne cette croyance et l'empereur Aurélien l'éleva même au rang de religion d'État pour un bref laps de temps. L'empereur Constantin lui-même a honoré un temps Mithra avant d'adhérer au christianisme. Et avec la christianisation de l'empire, le culte de Mithra finit par tomber complètement dans l'oubli.
On célébrait les mystères de Mithra dans des cryptes ou des cavités creusées dans les parois de rochers. Un exemple typique de ce genre de sanctuaire dans notre région se trouve sur une colline près de Cocheren, le Hérapel.

Hérapel

Auch in unserer Gegend gibt es noch Spuren des Mithraskultes, zum Beispiel auf dem Hérapel, der sainte colline, einem Hügel bei Cocheren. Ursprünglich eine keltische Fluchtburg mit einem Quellheiligtum, wurde sie von den Römern zu einer mächtigen Festung ausgebaut, deren Schutzmauer und Eingangstor heute noch teilweise erhalten sind. Jupiter und Minerva wurden in Tempeln verehrt. Aber zwei Gottheiten genossen besonderes Ansehen: Merkur und Epona. Epona war eine gute, den Menschen wohlgesonnene Beschützerin. Sie wurde dargestellt mit einem Korb mit Früchten auf dem Schoß und in Begleitung eines Pferdes. Alle Bauern, besonders aber Pferdehalter, Reiter und Kutscher beteten zu ihr. Sehr umfangreich sind die Zeugnisse des keltischen Erbes, die die Archäologie zu Tage gefördert hat.

Mithras-Heiligtum auf dem Hérapel, in typischer Weise in einen Felsvorsprung gehauen

Dans notre région aussi, on trouve des traces du culte de Mithra. Un exemple est le Hérapel, surnommé la sainte colline, près de Cocheren. Initialement, c'était une place fortifiée celtique abritant une source sainte. Les Romains la transformèrent en un bastion impressionnant dont la porte d'entrée et la muraille d'enceinte sont conservées en partie encore aujourd'hui. On vénérait Jupiter et Minerve dans des temples. Mais le prestige de deux autres divinités, Mercure et Epona, l'emportait sur celui des autres dieux. Epona était une protectrice généreuse et aimable. On la représentait avec une corbeille de fruits sur les genoux et en compagnie d'un cheval. Tous les paysans et surtout les éleveurs de chevaux, les cavaliers et les cochers lui adressaient leurs prières. Les archéologues ont mis au jour de nombreux vestiges de cet héritage celtique.
En plus des lieux de culte dédiés aux dieux celtes, on avait créé, à l'époque romaine, en cet endroit, un temple destiné à la vénération de Mithra.

Die Helenenquelle

Eine Statue der Helena erinnert an die Legende vom Hérapel.

Ein Zeugnis aus jüngerer Zeit auf dem Hérapel ist die Helenenkapelle. Einer Legende zufolge soll die Mutter Kaiser Konstantins, nachdem sie von ihrem kaiserlichen Gemahl Constantius Chlorus im Jahre 292 verstoßen worden war, hier auf dem Weg nach Trier übernachtet haben. Die Kapelle ist später abgerutscht und wurde 1990 abgerissen.

D'après la légende, la mère de l'empereur Constantin, Hélène, aurait brièvement séjourné sur la sainte colline après avoir été répudiée par son mari Constantius Chlorus en 292. La chapelle, qui avait été érigée ici en l'honneur de la sainte, se trouvait malheureusement dans un si mauvais état qu'elle a dû être démolie en 1990.

Eine Legende erzählt:

Als die Heilige Helena nach Trier ging, um dorthin den Heiligen Rock Christi zu bringen, kam sie an der Schloss- und Burgveste des Hérapel vorbei. In der Höhle an der Festungsmauer brachte sie die Nacht zu. Bei ihrem Aufbruch am Morgen geschah ein Wunder. Aus ihrer Lagerstätte quoll nämlich eine klare Quelle hervor. Die Quelle aber sprudelte weiter und ist die heutige „Helenenquelle". In der Nähe baute man ein kleines Bethäuschen, das die ersten Christen zu einer Kapelle umgestalteten und „Born Helenenquelle" nannten.

Alte Aufnahme der Helenenkapelle, die 1990 nach einem Bergrutsch abgerissen wurde.

Wallerfangen, die „Drei Kapuziner“

Sucellus-Silvanus

Aus gallo-römischer Zeit stammen die in eine Felswand im Wallerfanger Blauwald gehauenen Götterbilder. Es wird vermutet, dass es sich um den keltischen Gott Sucellus handelt, den die Römer mit Silvanus gleichsetzten, und die mit ihm zusammen verehrte Schutzgöttin des Hauswesens, Nantosuelta.

Nantosuelta

Die in den Buntsandstein des Wallerfanger Blauwaldes gehauenen Reliefs dürften aus der frühen römischen Kaiserzeit, also spätestens aus dem 3. Jahrhundert, stammen. Die Figur der Nantosuelta misst 114 cm, die des Sucellus 97 cm. Leider sind die Figuren sehr stark verwittert, so dass die für die Deutung wichtigen Gegenstände, die sie jeweils in der rechten Hand halten, kaum zu erkennen sind. Es könnte sich um einen langstieligen Hammer handeln. Es scheint sicher, dass beide das gleiche Attribut tragen, was bei Paargestalten antiker Götter häufig vorkommt.
Im Volksmund werden die Wallerfanger Felsbilder „Die drei Kapuziner" genannt. „Drei", weil noch zu Anfang des 19. Jahrhunderts eine dritte Figur vorhanden gewesen sein soll, die aber heute nicht mehr zu sehen ist. Das Gewand des Sucellus erinnert an die Kutte der Kapuziner, weswegen die Darstellungen wohl fälschlicherweise für frühe christliche Arbeiten gehalten wurden.
Die Archäologie hat es oft mit Fälschungen zu tun. Die hier abgebildete, ganz in der Nähe der antiken Reliefs in die Felswand eingehauene „Fälschung" gibt sich sogleich durch die Jahreszahl „1901" als solche zu erkennen.

„Keltischer Gott", wohl von einem Spaßvogel 1901 in den Fels gehauen

Les reliefs sculptés dans une paroi rocheuse dans la forêt de Vaudrevange [Blauwald] remontent au IIIe siècle de notre ère au plus tard. Ils représentent probablement le dieu celtique Sucellus, que les Romains ont assimilé à Silvanus, et la déesse protectrice de la maison, Nantosuelta. Dans l'Antiquité tardive, les deux divinités faisaient l'objet d'une vénération commune. L'effigie de Nantosuelta mesure 114 centimètres, celle de Sucellus 97 centimètres. Malheureusement les portraits se sont tellement détériorés au fil du temps que l'identification des divinités représentées à l'aide des objets qu'ils tiennent dans leur main droite est devenue chose impossible. Tout ce qu'on peut dire, c'est qu'il pourrait s'agir de marteaux dotés d'un long manche. Les deux personnages semblent munis des mêmes attributs, ce qui est fréquemment le cas dans la représentation de dieux antiques par paires.
Dans la tradition orale on a baptisé ces blocs sculptés « Les trois capucins », et cela pour deux raisons. Le nombre trois s'explique par le fait que, jusqu'au début du XIXe siècle, il y avait apparemment toujours un troisième portrait dont on regrette cependant la totale disparition. En outre, le froc de Sucellus évoque la bure d'un capucin, ce qui n'a pas été sans créer une confusion et donner lieu à la conjecture erronée qu'il s'agissait en vérité de réalisations chrétiennes du Bas-Empire.
Notons qu'il n'est pas rare que des faussaires plus ou moins inspirés croient devoir exercer leurs talents dans le domaine de l'archéologie. À preuve, ce rocher sculpté reproduit ci-dessus qui se trouve dans la proximité immédiate de l'original décrit plus haut. On réalise par ailleurs au premier coup d'œil qu'il s'agit là d'une grossière contrefaçon en raison de l'année 1901 inscrite à côté de la sculpture.

Das Quellheiligtum am Sudelfels bei Ihn

Der Flurname Sudelfels klingt für unsere Ohren befremdlich, weil wir dabei an „sudelig“, „schmierig“, „schmutzig“ denken. Dabei ist diese Assoziation gar nicht falsch und lässt sich leicht erklären. Durch eine regionale geologische Verwerfung an dieser Stelle kommt es zu einem Stau von Grundwasser, das in Form von sogenannten Überlaufquellen zu Tage tritt und dann unter Hinterlassung eines matschigen, „sudeligen“ Bodens hangabwärts fließt. Quellen waren bei den Kelten und bei den Römern oft Orte kultischer Verehrung. So legten die Römer auch an dieser Quelle im Niedtal im 2./3. Jahrhundert auf dem Boden eines alten keltischen Heiligtums einen Tempelbezirk, ein Nymphäum, mit Brunnenanlage an.
Der bei Grabungen in den Jahren 1981 bis 1984 freigelegte Brunnen hatte ein aus einem einzigen Sandsteinblock gehauenes sechseckiges Becken, dessen Rand mit Platten belegt war und das durch eine hölzerne Wasserleitung gespeist wurde.
Die Römer übernahmen nach der Eroberung auch keltische Gottheiten oder setzten sie ihren eigenen Göttern gleich. Aus den gefundenen Weihe-Inschriften und Fragmenten von Götterstatuen geht hervor, dass am Sudelfels Apollo, Sirona, Merkur und Rosmerta verehrt wurden. In erster Linie war es wohl Sirona, die alte keltische Heilgöttin, bei der die Kranken Hilfe suchten. Nicht nur die Götter konnten identifiziert werden, sondern auch einige der Spender, die, nachdem ihnen geholfen worden war, mit einer Votivgabe ein Gelübde einlösten. Die Inschriften schließen, wie überall im römischen Reich, fast immer mit den Buchstaben V S L M, einer Abkürzung für das lateinische „votum solvit libens merito“, zu Deutsch:„ ... hat sein Versprechen gerne und, wie es sich gebührt, erfüllt“. Einer der dankbaren Bürger, Lucius Geminius Similis, war von Beruf Arzt – wohl der älteste nachgewiesene Medicus im Niedtal.

Brunnenanlage des Quellheiligtums am Sudelfels

La consonance du toponyme « Sudelfels » surprend parce qu'elle évoque des images plutôt déplaisantes, voire rebutantes. En effet, on ne peut s'empêcher de penser immédiatement à quelque chose de malpropre, de gluant et dégoulinant. Comment expliquer ce rapprochement surprenant d'un vénérable lieu de culte lié à l'eau avec des idées purement négatives? La réponse se trouve dans un glissement géologique qui s'est produit en ce lieu et qui retient l'eau de la nappe phréatique. Cette eau, à la recherche d'un passage libre, remonte à la surface sous la forme de sources débordantes. Le résultat de ce phénomène naturel est un terrain bourbeux et fangeux près du jaillissement de la source, car l'eau qu'elle libère se répand à la surface du sol et coule le long de la pente qui donne accès au Sudelfels.

Sirona vom Quellheiligtum Sudelfels – erkennbar an der sich um den rechten Arm windenden Schlange

Heimatmuseum Pachten

Il est bien connu que chez les Celtes, tout comme chez les Romains, il était d'usage de rendre un culte aux sources. Notre source située dans la vallée de la Nied près du village de Ihn ne fait pas exception à la règle. Plus tard, au IIe ou au IIIe siècle apr. J.-C., les Gallo-Romains ont créé un nymphée sur l'emplacement du vieux sanctuaire celtique déjà existant et ils l'ont doté d'installations appropriées, comme ils savaient si bien le faire, pour mettre en valeur la source sacrée. Des fouilles archéologiques, entreprises entre 1981 et 1984, ont mis au jour une vasque hexagonale taillée dans un bloc de grès d'une seule pièce. Le pourtour de la source était revêtu de dalles et l'eau alimentant celle-ci se déversait par une conduite d'eau en bois.

Apollon vom Sudelfels

Museum für Vor- und Frühgeschichte Saarbrücken

Au lendemain de la conquête romaine, les nouveaux arrivants n'avaient aucun mal à enrichir leur panthéon de quelques divinités celtiques de bon aloi. Il ressort des ex-voto et des fragments de statues de dieux retrouvés sur place qu'on a vénéré à Ihn Apollon, Mercure, Rosmerta et Sirona. Cette dernière bénéficiait sans doute d'une certaine prééminence du fait qu'on lui prêtait des dons de guérisseuse et c'était auprès d'elle que les malades venaient implorer de l'aide.

En plus des divinités honorées au Sudelfels, on a pu identifier l'un ou l'autre donateur grâce aux ex-voto déposés dans le sanctuaire. Ces inscriptions votives se terminent presque toujours par les lettres VSLM qui signifient: « *Votum solvit libens merito.* » (N. d. T. : « N.N. a tenu volontiers sa promesse comme il se doit ») L'un des heureux citoyens reconnaissants, Lucius Geminius Similis, était médecin de son état et en sa personne nous pouvons saluer sûrement l'un des plus anciens docteurs en médecine du pays de Nied.

Ein weiterer wichtiger Fund aus dem keltisch-römischen Quellheiligtum am Sudelfels ist ein Votivstein für den Gott Merkur:
DEO MERCURIO COLONI
CRUTISIONES FERUNT DE SUO
PER DANNUM GIAMILLUM
„Dem Gott Merkur errichteten dies von sich aus die Kolonen von Crutisio durch Dannus Giamillus". Die in der Inschrift genannten Kolonen waren von einem Gutsherren abhängige Bauern, in diesem Fall von einem gewissen Crutisi

La pierre votive dédiée au dieu Mercure est une autre pièce rare exhumée au sanctuaire de source gallo-romain du Sudelfels. Les colons cités dans l'inscription étaient des métayers dépendant d'un propriétaire terrien nommé Crutisio.

Votivstein für Merkur

Andere wichtige Funde vom Sudelfels bezeugen die Bedeutung von Apollo als Heilgott.

Bronze-Apollo
Rheinisches Landesmuseum Trier

Votivstele für Apollo
Heimatmuseum Pachten

Weitere keltische Göttinnen

Die Fortdauer keltischer Götterkulte belegen zum Beispiel Steinbilder der Epona, der Schutzgöttin der Pferde, und einer Göttin mit Wildschwein.

Epona

Epona, de Grouss Göttin von den Kelten, és mét ihrem Peerd duerch de Welt gereest. Of ihrem Ross hat se de Seelen von den Douden métgeholl bés in den Reich, wo ihr Mann un Pappen de Macht hott. Se hat de Leit geholf „rauskommen" aus der Welt. Awwer och „rénkommen". Se hat de Seelen von den Menschen un de Peer of de Welt braat. Un so és Epona mét ihrem weissen Schémmel duerch us Nittland geritt un de Leit hann se kannt.

De Leit in usem Nittland hotten déi Göttin lo am allerléiwschten; vill Biller un Statuen sén von déer léi bei us fonn génn. Owen om „Hemrich" bei Hollingen és der „Jungfernweg", do hat fréijer dat alt Schloss von „Remm" gestann. Un en béssien weider és de „Doudenweg", der wo of „Walménschter" geht. Un do hätt mer se manchmol gesinn, us Göttin!

Keltische Göttinnen

Links: Epona vom Hérapel mit einem Pferd

Unten: eine Göttin, gefunden in Betting, über deren linker Schulter ein Wildschwein dargestellt ist

Beide Musée de la Cour d'Or, Metz

Reliefs représentant des déesses celtiques.
En haut: Epona d'Hérapel avec un cheval
À droite: Déesse non-identifiée exhumée à Betting, représentée avec un sanglier au-dessus de l'épaule gauche

Musée de la Cour d'Or, Metz

Die Jupitersäule von Merten

En 1878, on a mis au jour à Merten des fragments d'une colonne Jupiter d'origine romaine. Des experts talentueux ont réussi l'exploit de reconstituer pour la première fois un moment aux dimensions aussi impressionnantes sur la base d'une comparaison avec une colonne similaire retrouvée dans les Vosges.
On peut admirer le résultat de ce travail remarquable au musée de la Cour d'Or de Metz. Une réplique fidèle de la colonne a été placée dans la zone piétonne de la cité messine.

1878 wurden in Merten Fragmente einer römischen Jupitersäule gefunden. Dabei gelang es erstmals, ein gigantisches Monument dieses Typs zu rekonstruieren, indem man es mit einer ähnlichen, in Grand in den Vogesen gefundenen Säule verglich.
Das Ergebnis dieser Arbeit sieht man im Museum in Metz, eine Kopie dieser riesigen Säule steht in der Fußgängerzone in Metz.

Das Pan-Heiligtum in Rehlingen

In Rehlingen machte man in Bauschutt einen bedeutenden Fund, ein Bruchstück einer überlebensgroßen Figur aus gelbem Sandstein, auf der eine Panflöte deutlich zu erkennen war. Da an gleicher Stelle auch Säulenteile gefunden wurden, muss man eine Tempelanlage annehmen, die dem Gott Pan geweiht war. Dieser soll die aus unterschiedlich langen Schilfrohren bestehende Flöte erfunden haben. Er wird meist mit einem Ziegenfuß, spitzen Ohren und struppigem Kopf- und Barthaar dargestellt. Pan war der in den Feldfluren allgegenwärtige Jagd- und Hirtengott der Römer, ein Freund der Landbewohner, Wächter der Gärten und Weinberge. Allerdings erschreckte er gelegentlich durch sein Schreien die Menschen und versetzte sie in „panische" Angst.

Fragment mit Panflöte

Après avoir dégagé un fragment provenant d'une statue en grès jaune d'une taille surdimensionnée dans les gravats d'un chantier de démolition à Rehlingen, les ouvriers prirent immédiatement conscience de l'intérêt scientifique de cette découverte. Une flûte de pan qui se détachait nettement du fragment fournit aux chercheurs de précieux indices. Ils en conclurent à l'existence d'un temple de Pan qui avait dû se trouver à cet emplacement. Pan est l'inventeur de la fameuse flûte formée d'un assemblage de roseaux de longueurs inégales et qui a gardé son nom.

Le dieu est reconnaissable à ses pieds de bouc et à ses cornes, sa queue, ses oreilles pointues, ses cheveux hérissés et sa barbe hirsute. Il était le dieu omniprésent dans la nature, dans les champs et dans les bois. Pan était vénéré par les chasseurs et les bergers, il protégeait les populations rurales et veillait sur leurs jardins et leurs vignobles. Par ailleurs, il lui arrivait de terroriser les humains par ses cris et ainsi, le cas échéant, il faisait même souffler un véritable vent de panique parmi les gens.

Der Grablöwe von Hemmersdorf

Vor der Kirche in Großhemmersdorf begrüßt ein mächtiger Löwe aus Kalkstein die Vorübergehenden. Es handelt sich um ein Relief von 1 Meter Breite und 70 cm Höhe. Diese Bildhauerarbeit war einmal Teil eines römischen Grabmals. Dargestellt ist ein Löwe über seiner Beute. Das geschlagene Tier, wahrscheinlich ein Widder, ist leider nicht mehr zu erkennen. Dieses Motiv kommt häufig bei römischen Grabmälern vor. Der Grablöwe sollte Unheil und böse Geister fernhalten.

Un relief d'un mètre de largeur et d'une hauteur de 70 centimètres accroche l'attention du passant à l'entrée de l'église de Großhemmersdorf. Il représente un vigoureux lion sculpté dans un bloc de pierre calcaire, penché sur sa proie. L'animal tué est impossible à identifier mais semble être un bélier.
Ce beau fragment est la partie qui nous est parvenue d'une sépulture romaine. Des sculptures décoratives de ce genre sont la marque distinctive de somptueux tombeaux romains. Le lion avait vocation pour conjurer le mauvais sort et pour tenir à l'écart les génies malfaisants.

Besonders eindrucksvoll ist der Kopf einer Merkur-Statuette, die in Fürweiler gefunden wurde. Merkur, der dem griechischen Hermes entsprach, galt als „Götterbote“ und wurde in der römischen Religion verehrt als Gott der Händler – aber auch der Diebe.

Museum für Vor- und Frühgeschichte, Saarbrücken Nachbildung im Heimatmuseum Hemmersdorf

Tête de Mercure, trouvée à Fürweiler

Die Christianisierung des Niedtales

Im Römischen Reich, zu dem das Niedtal seit der Eroberung durch Caesar in den Jahren 58 bis 51 v. Chr. gehörte, verbreitete sich ab dem zweiten Jahrhundert durch intensive planmäßige Missionstätigkeit der christliche Glaube. Es war die Zeit der Märtyrer, derer auch in unserer Gegend häufig gedacht wird. Schließlich setzte sich das Christentum trotz heftiger Widerstände im ganzen Reich durch, nachdem Konstantin der Große im Jahre 312 anlässlich der Schlacht an der Milvischen Brücke in Rom gegen seinen Mitkaiser Maxentius sich zum Gott der Christen bekannt hatte. Vor der Schlacht hatte er eine Erscheinung: Die Jungfrau Maria soll ihm mit einem Kreuz in der erhobenen Hand das berühmte „in hoc signo vinces“ – „in diesem Zeichen wirst du siegen“ verkündet haben. Nach Konstantins Sieg verbreitete sich die neue Religion schnell. Im Jahre 391 wurde das Christentum durch ein Edikt des Kaisers Theodosius I. zur Staatsreligion erhoben.

Seit dieser Zeit ist der Raum, in dem wir leben, ununterbrochen christlich geprägt. Die germanischen Stämme, die die Herrschaft der Römer ablösten – in unserem Fall waren es die Franken – bekannten sich zum Christentum, seit ihr Führer Chlodwig um 500, ähnlich wie zuvor Konstantin der Große, gelobt hatte, bei einem Sieg in der Entscheidungsschlacht gegen die Alemannen den Glauben seiner christlichen Ehefrau anzunehmen. Er ließ sich mit seinem gesamten Heer in Reims taufen und gab die alten Mythen, in denen Wotan, Freyja, Donar, Balder und andere eine Rolle spielten, auf.

Die ersten Zeugnisse der Christianisierung in unserer Gegend sind zahlreiche römische Münzen, die auf der Rückseite das Christusmonogramm mit den griechischen Anfangsbuchstaben seines Namens „Chi – Rho" (nicht , wie man häufig hört „X – P") tragen. Außerdem sind das Alpha, A, und das Omega, Ω, der erste und der letzte Buchstabe des griechischen Alphabets, als Symbole für Anfang und Ende eingeprägt.

Diese Münze stammt aus der Regierungszeit des Kaisers Maxentius (306 – 312) und trägt auf der Rückseite das Christus-Monogramm „Chi–Rho".

Cette monnaie date du règne de l'empereur Maxence. Sur le côté pile est gravé le monogramme du Christ.

Christianisation du Pays de Nied

La foi chrétienne s'est implantée et répandue dans l'Empire romain dont notre région faisait partie depuis la conquête de la Gaule par Jules César, à partir du IIe siècle, grâce à une évangélisation systématique et intensive. Évidemment, c'était en même temps l'époque des martyrs dont nous honorons la mémoire dans notre région chaque année. Mais le christianisme a fini par triompher des résistances obstinées dans tout le vaste empire après la victoire de l'empereur Constantin Ier le Grand remportée sur son rival Maxence au pont Milvius en 312 apr. J.-C. Car, à la veille de la bataille, l'empereur aurait eu une vision. Un signe apparu dans le ciel rappelant le chrisme lui aurait promis la victoire en ces termes : « *In hoc signo vinces.* », (« Par ce signe, tu vaincras. ») L'empereur fit porter en effet le monogramme du Christ, les lettres X et P, sur son casque, son étendard et les boucliers de son armée et la prophétie se réalisa.
Au lendemain de la bataille, Constantin se convertit au christianisme et signa peu après l'édit de Milan (313) qui accordait aux chrétiens le droit de pratiquer leur culte en toute liberté. Cet édit fit date et ouvrit la voie à une rapide expansion du christianisme. L'empereur Théodose Ier (379-395) suivit l'exemple de son illustre prédécesseur. Pendant tout son règne, il chercha à détruire le paganisme et déclara dans l'édit de Thessalonique (380): « Tous nos peuples doivent se rallier à la foi chrétienne. » Ce décret fit du christianisme la religion officielle de l'État.
Il n'est donc pas étonnant que notre région romanisée ait été marquéé, elle aussi, profondément et de manière ininterrompue par la foi chrétienne. La nouvelle religion s'est implantée dans notre région définitivement au cours du IIIe siècle. Car, par chance, les tribus germaniques, qui s'y établirent et portèrent le coup de grâce à l'Empire romain, se convertirent au christianisme. Ce fut le cas notamment des Francs saliens dont toute l'élite se fit baptiser d'un élan commun à la suite de leur roi Clovis. C'en était fait de tous leurs vieux mythes avec leur cortège interminable de dieux païens, désormais jetés aux orties.
Les premiers témoignages de la christianisation de notre région apparaissent sur de nombreuses monnaies romaines qui portent au revers les initiales grecques du sauveur. En outre, on a gravé l'alpha et l'oméga sur ces monnaies, c'est-à-dire la première et la dernière lettre de l'alphabet grec, qui symbolisent le commencement et la fin.

Das germanische Erbe

Seit der zweiten Hälfte des 3. Jahrhunderts stießen immer mehr germanische Stämme, Franken und Alemannen, in unsere Region vor, bis dann im 5. Jahrhundert die römische Herrschaft hier endgültig zu Ende ging.
Bei den im Niedtal siedelnden Franken war es Sitte, die Toten mit ihrer Kleidung, ihren Waffen und verschiedenen Dingen des täglichen Gebrauchs zu bestatten, was einzelne Grabfunde aus Düren und Ittersdorf belegen. In Rammelfangen wurde ein Reihengräber-Friedhof aus dieser Zeit entdeckt, in dem alle Toten mit dem Haupt nach Westen beigesetzt waren.

Le patrimoine germanique

Dès la deuxième moitié du IIIe siècle apr. J.-C., notre région subit les vagues d'invasions successives des tribus germaniques, notamment des Francs saliens et des Alamans. Ces attaques impérieuses des envahisseurs d'outre-Rhin provoquèrent finalement la chute de l'ensemble de la partie occidentale de l'Empire romain dont notre région faisait partie intégrante.
Des fouilles entreprises sur les rives de la Nied à Düren et à Ittersdorf ont montré que chez les Francs saliens installés là, il était d'usage d'inhumer les morts avec leurs vêtements, leurs armes et différents objets du quotidien. À Rammelfangen on a découvert un cimetière où les morts avaient été enterrés la tête tournée vers l'ouest.

Rammelfangen

Merowingisches Grab aus Rammelfangen
Heimatmuseum Pachten

Bei Gartenarbeiten stieß ein Bewohner von Rammelfangen 1987 auf einen zunächst erschreckenden Fund. Beim Umgraben kamen Teile eines menschlichen Skelettes zu Tage. Was zunächst wie ein Fall für die Kriminalpolizei aussah, entpuppte sich später als kleine archäologische Sensation. Bei den darauffolgenden Grabungen durch das Landeskonservatoramt stießen die Archäologen auf ein Einzel- und ein Doppelgrab mit Körperbestattung. Anhand der Beigaben konnte die Grablege recht genau auf die Zeit 590 bis 600, also die Merowinger-Zeit, datiert werden.
Die beiden Gräber sind jetzt im Museum Pachten in Dillingen zu besichtigen.
Jahrzehnte vorher wurden schon in Hemmersdorf von Julius Magar und Johannes Monter Beigaben aus Gräbern der Merowinger-Zeit gesichert. Es handelte sich um Lanzenspitzen sowie Teile von Schwertern und Äxten.

Das Mittelalter

Interessanterweise fand Johannes Monter 1973 in Hemmersdorf auch eine Schale aus Bronzeblech mit eingravierten Tierdarstellungen. Archäologen haben darin Wölfe und Löwen erkannt. Aus Bildinhalt und Stil lässt sich ableiten, dass die Schale aus dem 13. Jahrhundert stammt. Sie gehört zur Gruppe der sogenannten Hansa-Schüsseln, da diese vermutlich durch die Hanse verbreitet wurden. Die Schüssel fand sich in einem sakralen Bereich, so dass man annehmen kann, dass sie zu liturgischen Zwecken genutzt wurde.

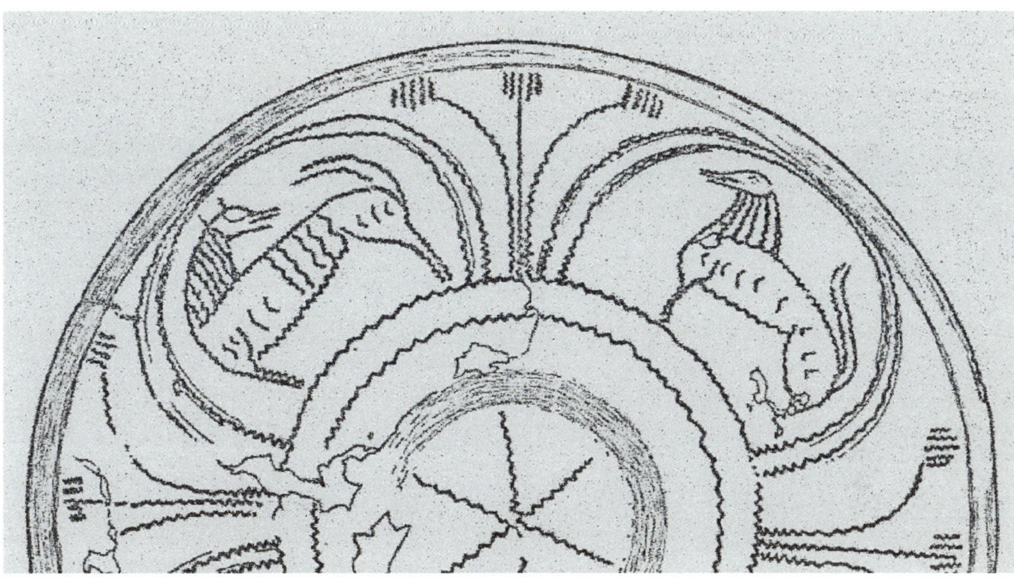

Umzeichnung vom Original der sogenannten Hansa-Schüssel aus Hemmersdorf mit Darstellung von Wölfen und Löwen (Ausschnitt)

Museum für Vor- und Frühgeschichte Saarbrücken

Moyen Âge

Johannes Monter a trouvé à Hemmersdorf une coupe de bronze embellie de gravures animalières. Le choix des motifs et le style d'exécution artistique des représentations d'animaux – loups et lions – permettent de ranger la coupe dans la catégorie d'objets similaires appelés « Hansa-Schüsseln » qui furent commercialisés par la Hanse au XIIIe siècle. Le lieu de la découverte amène à penser que cette coupe servait à des fins liturgiques.

II

Kirchen und Kapellen

Églises et chapelles

Die St. Willibrord-Kapelle in Siersdorf

Auf dem höchsten Punkt von Siersdorf, zu Füßen der alten Ritterfestung auf dem Siersberg, erhebt sich der älteste Kirchenbau im deutschen Teil des Niedtales, die St. Willibrord-Kapelle.
Der Ort war vor Hochwasser sicher und daher schon von alters her besiedelt. Der Saarbrücker Germanist W. Haubrichs glaubt, an dieser Stelle eine römische Siedlung „villa cornu", nachweisen zu können, nicht zuletzt deshalb, weil die Nied an dieser Stelle einen großen Bogen macht (lat. cornu = das Horn, der Bogen).
Die Kapelle mit dem umliegenden Friedhof ist von einer hohen Sandsteinmauer umgeben. Das Hauptschiff der kleinen Kirche ist spätgotisch. In den Kreuzgewölben finden sich in den Schluss-Steinen ein Lothringerkreuz als Hinweis auf die damalige Staatszugehörigkeit sowie ein Abtsstab mit der Jahreszahl 1523. Die Kapelle dürfte jedoch wesentlich älter sein, da der Turm, der sich nördlich an den Chorraum anschließt, im romanischen Baustil errichtet ist.

Schluss-Steine der St. Willibrord-Kapelle, oben mit der Jahreszahl 1523, unten das Lothringer Kreuz

Die St. Willibrord-Kapelle in Siersdorf

St. Willibrord-Kapelle, Aquarell von Siegfried Pollack

Innenansicht der Kapelle

Au point le plus haut du village de Siersdorf et au pied des ruines du vieux château fort qui s'était dressé autrefois sur l'éperon appelé Siersberg s'élève le plus ancien édifice religieux du côté allemand du pays de Nied, la chapelle Saint-Willibrord. Bien à l'abri des crues de la rivière, cet endroit est habité depuis longtemps déjà. Un chercheur sarrois croit tenir la preuve de l'existence d'une colonie romaine et cite, à l'appui de sa thèse, la grande boucle que la Nied fait à cet endroit.
La chapelle et les tombes d'alentour sont ceintes d'une haute muraille de grès. La nef est de style gothique tardif. Les clés de voûte des croisées d'ogives sont ornées d'une croix de Lorraine, qui indique l'appartenance de notre région à ce duché, et d'une crosse d'abbé portant la date 1523. Toutefois, la chapelle devrait être nettement plus ancienne que cette inscription le laisse supposer car le clocher-tour contigu au chœur est de style roman.

Alfred Gottwalds Flügelaltar vor der Umgestaltung der Kapelle

Bemerkenswert ist der Flügelaltar, den Alfred Gottwald, einer der bedeutendsten Kirchenmaler des 20. Jahrhunderts, gestaltet hat. (Farbige Abbildung des Heiligen Willibrord auf Seite 149)

Ci-dessus le remarquable retable d'Alfred Gottwald, l'un des plus illustres peintres-décorateurs d'église du XXe siècle.

Die Kapelle weist eine weitere Besonderheit auf. In der linken Ecke des Altarraumes befindet sich ein Sakramentshäuschen. Nach außen öffnet sich diese Nische in Form eines „Oculus“ (Auge). So konnte das Allerheiligste auch vom Freien aus angebetet werden. Bei Dunkelheit wirft das Ewige Licht sein Leuchten von innen auf die armen Seelen auf dem Friedhof rund um die Kapelle und schafft so eine Verbindung von den Toten zu Gott.

La chapelle surprend par une autre particularité. L'angle gauche du chœur abrite un lieu où est conservé le Saint-Sacrement. Un oculus pratiqué dans le mur permet aux fidèles l'adoration du Saint-Sacrement hors de la chapelle. Dès la tombée de la nuit, la lampe du Saint-Sacrement projette les reflets de sa lumière à travers cet œil de bœuf sur les tombes qui jouxtent la petite église, créant ainsi un lien entre les morts et l'Éternel.

La nef latérale actuelle, construite avec la sacristie après la Seconde Guerre mondiale, remplace un ossuaire dans lequel étaient déposés les ossements retrouvés lors d'un réaménagement antérieur du petit cimetière.

An der Stelle des jetzigen Seitenschiffes, das erst nach dem Zweiten Weltkrieg zusammen mit der Sakristei errichtet wurde, stand früher ein Beinhaus. Hier wurden die Gebeine der Toten aufbewahrt, die bei der Neubelegung des kleinen Friedhofs noch aufgefunden wurden.
Nachdem sich die Bestattungsriten gewandelt hatten, diente der Raum als Stehplatz für Kinder während der Gottesdienste.

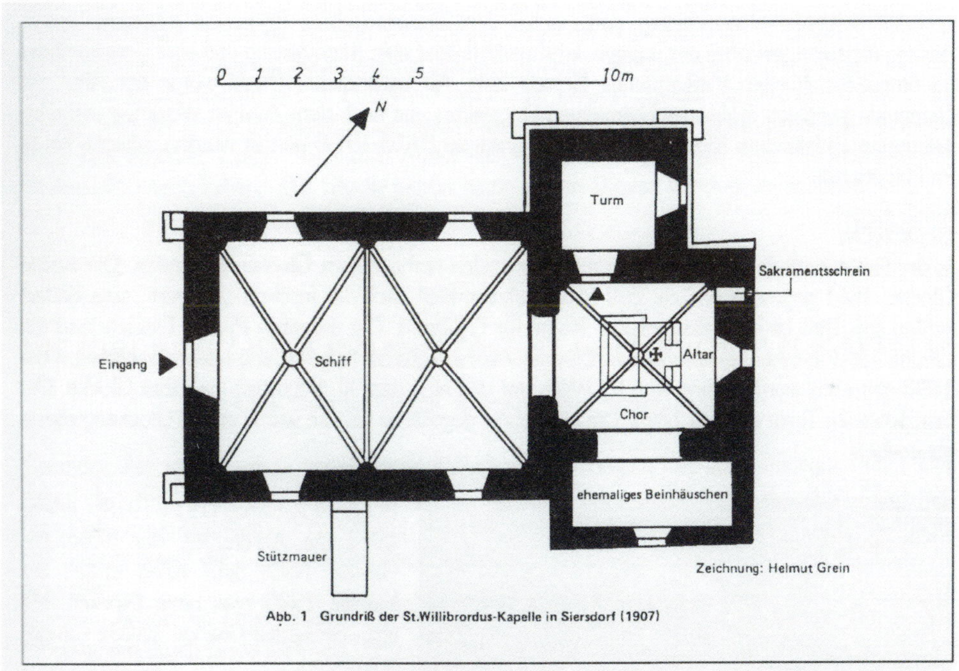

Abb. 1 Grundriß der St.Willibrordus-Kapelle in Siersdorf (1907)

Grundriss der Kapelle, auf dem das ehemalige Beinhäuschen zu erkennen ist (nach H. Grein)

Zahlreiche Kriege und die Französische Revolution führten in unserer Region mehrmals zu Zerstörungen an der Kapelle, die aber immer wieder beseitigt wurden. Anfang der 1970er Jahre erfolgte eine Umgestaltung im Sinne des 2. Vatikanischen Konzils. Als wesentliche Maßnahme wurde der Altar zur Gemeinde hin ausgerichtet. Die Bilder des Flügelaltares des schlesischen Kirchenmalers Alfred Gottwald (1893–1971) wurden getrennt und an den Seitenwänden des Hauptschiffes befestigt. Eines der Bilder zeigt den Heiligen Willibrord, dem die Siersdorfer Kapelle geweiht ist (siehe Seite 149).

L'antique chapelle a bien souffert du fait de nombreuses guerres et de temps tourmentés qui ont frappé notre région au cours des siècles passés. Mais elle a été remise en état après chaque nouveau coup du sort.
Conformément aux décisions du IIe concile du Vatican, on a réaménagé l'intérieur de la chapelle. À présent, l'autel fait face aux fidèles. Par ailleurs, on a accroché séparément les volets mobiles du retable créé par Alfred Gottwald sur les parois latérales de la nef. Saint Willibrord, à qui la chapelle est dédiée, figure en évêque avec sa crosse sur l'un des tableaux.

St. Martin in Itzbach

Auf einer Anhöhe über dem Itzbachtal steht die Kirche St. Martin der Pfarrei Itzbach – heute Siersburg. Sie ersetzt als Pfarrkirche einen sehr alten Vorgängerbau, der wohl im Bereich der heutigen Itzbachstraße stand und wahrscheinlich im Dreißigjährigen Krieg zerstört wurde. Da Itzbach kirchenrechtlich der Abtei Busendorf unterstand, war diese auch verpflichtet, einen Neubau, zumindest teilweise, zu finanzieren. Um an das Geld zu kommen, mussten die Itzbacher Bürger allerdings erst einen Prozess gegen ihre eigenen Patronatsherren führen – mit Erfolg. So konnte 1758 – mehr als 100 Jahre nach der Zerstörung der alten – eine neue Pfarrkirche eingeweiht werden.
Ab 1912 wurde diese Kirche nach den Plänen des Architekten Peter Marx im Stile süddeutscher Barockkirchen erweitert und erhielt ihre heutige Form.

Pfarrkirche von 1758

L'église paroissiale Saint-Martin, érigée sur une petite élévation qui surplombe la vallée de l'Itzbach, domine de sa masse imposante le gros bourg de Siersburg. L'édifice a été construit sur les ruines d'un bâtiment bien plus ancien, détruit probablement au cours de la guerre de Trente Ans. Comme, à l'époque, la paroisse était placée sous l'autorité de l'abbaye Sainte-Croix de Bouzonville selon les modalités fixées par le droit ecclésiastique, cette dernière était tenue d'apporter sa part au financement de la reconstruction de l'église. Finalement, les paroissiens se sont vus dans l'obligation d'engager une procédure judiciaire contre leur supérieur hiérarchique pour le contraindre – avec succès – à délier les cordons de sa bourse. Et, environ cent ans plus tard, en 1758, on a pu enfin achever et consacrer une nouvelle église. Celle-ci a été rénovée, à partir de 1912, d'après les plans de Peter Marx qui s'est inspiré du style baroque de l'Allemagne du Sud pour sa réalisation.

Die Pfarrkirche heute mit der dem Barock nachempfundenen Erweiterung

Die Kirche steht unter dem Patronat des Heiligen Martin. Entsprechend ziert die Kuppel auch kein Wetterhahn, sondern, über einem schmiedeeisernen Kreuz, ein Bild Martins zu Pferde mit dem Bettler.

Saint Martin étant le patron de cette église, ce n'est pas un coq qui surmonte le clocher, comme c'est l'usage, mais une représentation du saint homme à cheval en compagnie d'un miséreux au-dessus d'une croix en fer forgé.

Die Chorschranken sind verziert mit dem Adler des Heiligen Römischen Reiches Deutscher Nation, das bis 1806 Bestand hatte.

Auf dem Dach des Chorraumes schaut eine lebensgroße Statue des Heiligen Martin nach Osten – zu seinen Füßen die „Martinsgans“.

Bei der Darstellung des Heiligen darf natürlich die Gans – die „Martinsgans“ – nicht fehlen. Dieses Attribut geht auf folgende Legende zurück:

Gegen seinen Willen drängten die Bürger von Tours darauf, Martin zum Bischof zu weihen. Da er sich selbst für ein derart hohes Amt nicht würdig hielt, versteckte er sich in einem Gänsestall. Aber die Gänse schnatterten so laut, dass er entdeckt wurde und darauf zum Bischof geweiht werden konnte.

Le peuple de Tours pressait Martin de devenir évêque, contre son gré. Celui-ci s'estimant indigne d'occuper une si noble fonction se cacha dans une basse-cour parmi les oies. Mais lesdites volailles se mirent à cacarder si fort qu'on découvrit le saint homme et le fit sacrer évêque.

Buntsandsteinrelief am Itzbacher Pfarrhaus

Im Innenraum beeindruckt sofort der Hochaltar. Er stammt aus dem Elisabeth-Kloster in Aachen und wurde für die Kirche in Itzbach neu zusammengesetzt. Das Hauptbild stellt eine Kreuzigungsgruppe dar, eine Kopie eines Bildes aus der Michaelshof-Kirche in München.

Im Vorraum der Kirche ist eine gusseiserne Gedenktafel des Künstlers Mic Leder angebracht. Sie erinnert an den Märtyrer der Pfarrei, Nicolas Custer. Der papsttreue Priester hatte zur Zeit der Französischen Revolution den Eid auf die Republik nicht geschworen, versah aber illegal seinen Dienst.
Deswegen wurde er 1798 verhaftet und nach Guayana deportiert. Dort starb er am 13. November 1800 an den Strapazen der Deportation.

St. Rufus in Niedaltdorf

Die aus dem letzten Viertel des 19. Jahrhunderts stammende Pfarrkirche St. Rufus in Niedaltdorf liegt unmittelbar an der Grenze zu Frankreich. Sie wurde 1871 bis 1873 vom Trierer Baumeister Mendgen im neugotischen Stil anstelle einer kleinen mittelalterlichen Kirche errichtet.
Es ist ein einschiffiger Bau mit Querhaus und 5/8-Chor. Bemerkenswert sind die Altäre und der Ambo (aus der alten Kanzel gestaltet) sowie ein aus St. Avold stammender Leuchter, zwei Reliquiare aus Messing im Tabernakel und das Ewige Licht, das aus der Kathedrale in Metz stammt. Der Kreuzweg wurde in München nach Originalskizzen des Wiener Spätnazareners Joseph von Führich gefertigt. St. Rufus weist als einzige Kirche der alten Erzbistümer Trier, Mainz und Köln dieses Patrozinium auf.

L'église paroissiale Saint-Rufus de Niedaltdorf a été construite par un architecte de Trèves dans le style néogothique tout près de la frontière française entre 1871 et 1873. Elle a remplacé un petit édifice datant du Moyen Âge.
Le plan de l'église est simple. Après avoir longé la nef unique dépourvue de collatéraux, le visiteur arrive au transept qui donne accès à un chœur aux dimensions équilibrées. On signale à son attention notamment les autels, l'ambon, un beau lustre provenant de Saint-Avold, deux reliquaires en laiton intégrés dans le tabernacle et la lampe du Saint-Sacrement originaire de la cathédrale St.-Étienne de Metz. Le chemin de croix a été réalisé d'après les croquis originaux du nazaréen viennois Joseph v. Führich.
L'église de Niedaltdorf est bien la seule dans les trois vieux archevêchés de Trèves, Mayence et Cologne à être placée sous l'invocation de saint Rufus.

Der Heilige Rufus in der Pfarrkirche Niedaltdorf

St. Rufus in Niedaltdorf am Ufer der Nied

Saint-Étienne in Boulay

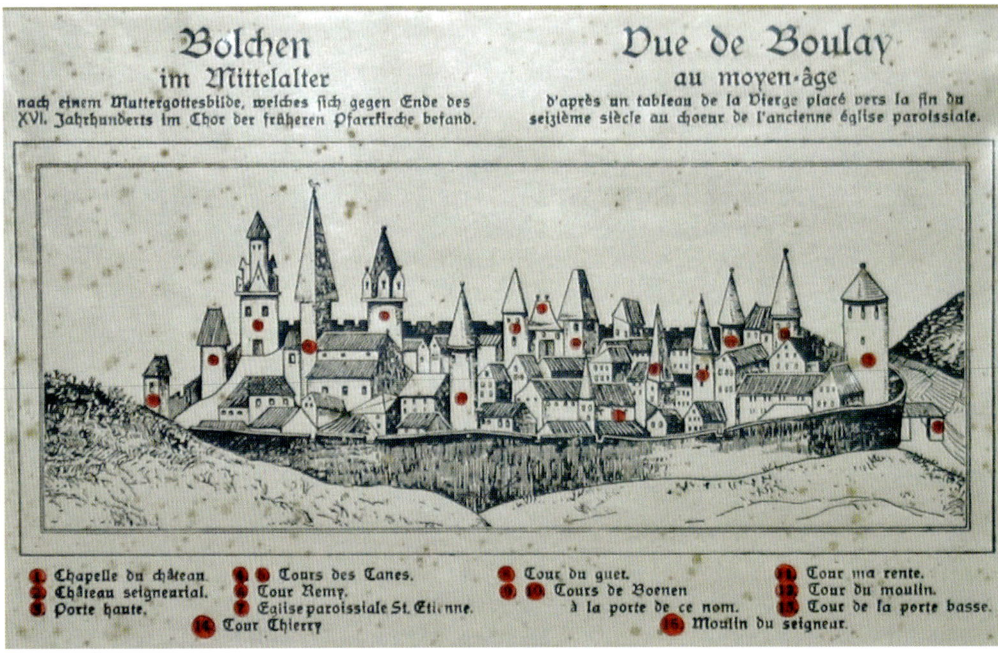

Im Mittelalter war Boulay eine kleine Stadt, die von Wällen, Wachtürmen und Wassergräben umgeben war. Um 1300 beschlossen der Pfarrer und der weltliche Herrscher, auf dem höchsten Punkt der Stadt eine Kirche im damals modernen gotischen Stil zu errichten. Mehr als 450 Jahre diente diese Kirche als Gotteshaus, bevor sie wegen Baufälligkeit geschlossen werden musste.
Eine neue Kirche mit einem auffallend spitzen Turm als besonderer äußerlicher Zierde wurde am gleichen Platz gebaut. Die Jahreszahl 1782 über dem Haupteingang zeigt das Jahr der Kirchweihe an.
Über dem Portal mit der alten Jahreszahl findet sich – kaum noch lesbar – die Inschrift „Temple de l'Être Suprême" aus dem Jahr 1794. Die Kirche war während der Französischen Revolution im Sinne der Entchristianisierung und im Rahmen des Kultes für das „Höchste Wesen" in einen „Tempel der Vernunft" umgewandelt worden.

Au Moyen Âge, Boulay était une petite ville protégée par des remparts, des tours et des douves. En 1300, le curé de la paroisse et le seigneur détenant le pouvoir séculier décidèrent d'un commun accord d'édifier une église sur le point le plus élevé de la ville dans le style gothique courant de l'époque. Mais environ quatre cent cinquante ans plus tard, les autorités civiles et ecclésiastiques se trouvèrent dans l'obligation de fermer et de détruire cette église parce qu'elle était dans un état de délabrement avancé. On entreprit sans plus tarder, au même emplacement, la construction d'une nouvelle église dont l'un des principaux signes distinctifs était un clocher étonnamment pointu. Le chiffre 1782 gravé dans le tympan indique l'année de sa consécration. Mais on peut lire également à proximité de ce chiffre, au-dessus du portail, l'inscription datant de 1794, « Temple de l'Être Suprême ». Ces mots, à peine lisibles à présent, rappellent l'époque douloureuse de la sécularisation de l'édifice et son affectation au culte de l'Être Suprême instauré par Robespierre, advenues sous la Révolution de 1789.

Die Haerpfer-Orgel

Saint-Étienne in Boulay

Im Innern der Kirche fällt sofort die reich verzierte Orgel auf. Sie stammt aus dem Jahr 1725 und war ursprünglich in der Abtei Villers-Bettnach aufgestellt. Nach Auflösung der Abtei wurde die Orgel von der Bürgerschaft in Boulay erworben. Zwischen 1978 und 1981 wurde sie von der berühmten Orgelbaufirma Haerpfer aus Boulay restauriert.

Eine Kuriosität findet sich rechts neben der Eingangstür. An der Wand steht eine einzelne Bank. Sie war reserviert für den Henker der Stadt. Er musste zwar wie alle guten Katholiken die Heilige Messe besuchen, aber niemand wollte sich neben ihn setzen. Diese Bank stammt noch aus der gotischen Vorgängerkirche.

Le visiteur sera certainement intrigué par un banc placé contre le mur à côté du portail de l'église. En effet, il s'agit là d'un siège qui était réservé autrefois au bourreau en exercice de la ville. Comme tout bon catholique, l'exécuteur de la haute justice était tenu d'assister à l'office religieux, mais aucun paroissien n'acceptait de prendre place à ses côtés. Ce curieux banc date du XIVe siècle. Il nous est parvenu de l'ancienne église gothique.

Abteikirche Heilig Kreuz in Bouzonville

Auf einem kleinen Hügel unmittelbar an der Nied, aber vor Hochwasser geschützt, erhebt sich die Abteikirche Sainte-Croix. Das Gotteshaus ist Teil einer Abtei, die zwischen 1030 und 1033 von Adalbert II., Graf von Metz, auf Drängen seiner Gattin Judith errichtet wurde. Zur gleichen Zeit machte Adalbert II. eine Pilgerreise ins Heilige Land. Aus Jerusalem brachte er einen Splitter des Kreuzes mit, an dem Jesus starb. Diese Reliquie wurde fortan in der Kirche aufbewahrt, die am 31. Januar 1033 vom Bischof von Metz geweiht wurde.

Graf Adalbert, seine Gemahlin Judith, ihre Kinder und Kindeskinder wurden entweder in der Kirche selbst oder in den Gebäuden der Abtei in Bouzonville beigesetzt, so dass man mit Recht die Abtei Bouzonville als erste Nekropole des Hauses der Herzöge von Lothringen bezeichnen kann.

Der Grundbesitz der Abtei und ihr Einflussgebiet waren riesig und wurden von Papst Alexander II. (1159–1181) in einer eigenen Bulle bestätigt. Sie reichten von der Eifel bis ins Elsass. Auch Thionville und seine Umgebung sowie ein Großteil des Niedtales bis zur Saar gehörten dazu. Insgesamt 35 Kirchen und Kapellen wurden von Bouzonville aus verwaltet.

In den zahlreichen Kriegen des Mittelalters wurde die Kirche mehrmals zerstört, aber immer wurde die wertvolle Reliquie gerettet und das Gotteshaus wieder aufgebaut. Im Mai 1684 brannten Kirche und Abtei völlig aus und auch dieses Mal wurden die Gebäude wieder größer aufgebaut. Im 18. Jahrhundert waren die Abtei und die Reliquie des Heiligen Kreuzes das Ziel zahlreicher frommer Pilger. Sogar eine eigene Bruderschaft des Heiligen Sakramentes wurde in der Abteikirche gegründet.

Erst in den Stürmen der Französischen Revolution ab 1789 verlor die Abtei ihre Bedeutung. Die Liegenschaften wurden enteignet, die Gebäude wurden entweiht und in einen „Tempel der Vernunft“ umgewandelt. Sie dienten als Lager für die Revolutionstruppen und als Versammlungsort der Bürgerschaft. Selbst die Heilige Reliquie wurde im Ofen des Rathauses verbrannt. Nach dem Sturz Napoleons und dem Abzug seiner Truppen war die Abtei völlig verwahrlost und baufällig. Erst unter deutscher Verwaltung nach 1871 wurden die Gebäude wieder saniert. Vinzentinerinnen des Ordens der Barmherzigen Schwestern vom Hl. Vinzenz von Paul eröffneten darin 1893 ein Hospiz für Senioren. Ein Denkmal im Vorhof der Kirche erinnert an den großen Heiligen. Dieses Seniorenheim existiert bis auf den heutigen Tag.

Haupteingang der Abteikirche mit romanischen, gotischen und barocken Stilelementen

Im Vordergrund ein Brunnen in Form betender Hände. Er wurde 2013 geschaffen von dem Steinbildhauer Silvain Divo aus Kerling-lès-Sierck.

Die Kirche ist dreischiffig, das Mittelschiff hat eine Höhe von 17 Meter. Die Decke wird getragen von spitzbogigen Gewölberippen im lothringisch-gotischen Stil. Insgesamt 16 Schluss-Steine zieren die Gewölbe. Auf dem Schluss-Stein im Chorraum ist Christus am Kreuz abgebildet, umgeben vom Abt von Bouzonville und einem Mönch. Auf dem Rand des Steines erinnert eine Inschrift an den Wiederaufbau von 1345. An der Vorderseite ist das Wappen des Bauherrn, Abt Gutzon de Wyskirch, dargestellt. Die Kirchenfenster mussten nach den Zerstörungen im Zweiten Weltkrieg erneuert werden. Sie wurden 1952 in Valence im Atelier Thomas hergestellt. Der Bildhauer Claude Michel hat 1985 unter dem Thema „Bündnis“ einen neuen Altar geschaffen. Auf seinen vier Seiten werden folgende Szenen dargestellt: der brennende Dornbusch, die Gesetzgebung auf dem Sinai, das Osterlamm und die eherne Schlange.
Der ursprünglich gotische Turm mit dem Haupteingang wurde im 18. Jahrhundert um ein Stockwerk im romanischen Stil erhöht. Darauf hat man eine barocke Zwiebelhaube als Dach gesetzt.
Das Kopfende der Abteikirche wird von drei Apsiden gebildet. Die zentrale Apsis wird von zwei Türmchen eingerahmt, in denen Treppen in den Dachstuhl führen. Zwischen zwei senkrechten Strebepfeilern an der mittleren Apsis führt ein Eingang ins Untergeschoss der ursprünglichen Gebäude. Hier befand sich das Beinhaus (Ossuarium), das zum Friedhof der Mönche gehörte.

Dressée fièrement sur une élévation au bord de la Nied et protégée de ses crues, l’abbatiale Sainte-Croix domine de sa silhouette majestueuse la rivière et le bourg. Ses origines remontent loin dans le passé. Elle est issue d’un monastère bénédictin fondé en 1033 par le comte Adalbert II d’Alsace et son épouse. Adalbert entreprit en ces années-là un pèlerinage en Terre sainte dont il rapporta un fragment de la Vraie Croix. La relique d’une valeur inestimable fut conservée dans l’abbatiale, qui lui doit son nom, durant plus de sept siècles. Il mérite d’être noté que l’abbaye de Bouzonville a pu nouer des liens privilégiés avec la maison ducale de Lorraine grâce au comte Adalbert qui fut inhumé dans le monastère avec des membres de sa famille. Son petit-fils, Gérard II d’Alsace est devenu le premier duc héréditaire de cette illustre maison. Bouzonville peut donc s’honorer d’abriter dans le chœur de son abbatiale les restes de l’ancêtre des premiers ducs de Lorraine. L’abbaye a connu une histoire mouvementée au cours des siècles. Son patrimoine foncier s’accrut en permanence malgré quelques variations et s’étendit finalement jusqu’en Rhénanie et en Alsace. Il englobait également le pays de Thionville et la majeure partie de la vallée de la Nied jusqu’au bord de la Sarre. L’abbé exerçait en outre son droit de patronage sur environ trente-cinq églises et chapelles de la région. Mais l’abbaye s’est aussi retrouvée au bord de l’abîme plus d’une fois au gré des conflits guerriers, incendies et pillages à répétition. Toutefois, à travers toutes ces vicissitudes, elle a toujours su préserver sa précieuse relique. Celle-ci attira de nombreux pèlerins suite à un renouveau de la piété populaire au XVIIIe siècle et on créa une confrérie du Saint-Sacrement dans l’abbatiale.

Cette heure de gloire prit fin avec la chute de l'Ancien Régime et l'abbaye dut vivre ses heures les plus sombres sous la Révolution. Elle est dépossédée de ses propriétés comme de toute autre forme de pouvoir temporel et l'église est transformée successivement en temple de la Raison, en grange à foin et en forge. Les bâtiments ainsi profanés servent aussi d'entrepôt pour l'armée révolutionnaire en 1792 et de lieu de rassemblement pour la municipalité. On va même jusqu'à brûler la sainte relique dans un poêle de la mairie.

À la fin de l'épisode napoléonien en 1815, l'abbatiale et ses annexes se trouvent dans un état lamentable. Il faut attendre l'annexion de la Lorraine à l'Allemagne en 1871 pour que des travaux de rénovation soient entrepris. Depuis 1873, les anciens bâtiments claustraux abritent un hospice pour personnes âgées qui n'a jamais cessé d'exister. L'abbatiale a été endommagée une dernière fois pendant la Seconde Guerre mondiale. Elle est classée aujourd'hui monument historique.

L'église actuelle comprend trois vaisseaux. Elle a été reconstruite entre 1342 et 1375 sur les ruines de l'abbatiale primitive détruite par un incendie. La nef centrale atteint une hauteur de 17 mètres. Il n'y a pas de transept. L'architecture de l'édifice porte la marque du style ogival lorrain du XIVe siècle qui se distingue par la forme particulière des nervures et les colonnettes qui supportent les voûtes. Les vitraux refaits par les ateliers Thomas en 1952 après les destructions de la guerre rappellent, dans la chapelle latérale, les débuts de l'abbaye. Au XVIIIe siècle, on a rajouté à la tour gothique un quatrième niveau de style roman. Un double bulbe baroque couvre cette tour remaniée.

Le chevet de l'abbatiale se compose de trois absides en pierre de taille. Deux élégantes tourelles encadrent l'abside du milieu. Celle du nord permet de monter aux combles de l'édifice par un escalier en colimaçon. On rapporte qu'un ossuaire s'est trouvé au sous-sol de l'église entre les deux contreforts de l'abside centrale. Il est probable qu'on ait pu y accéder par le renfoncement voûté situé à la base de cette abside.

Abteikirche Bouzonville, Aquarell von Mia Münster

Die Abteikirche Heilig Kreuz in Bouzonville, im Vordergrund die Nied

Im Jahre 765 erhielt Bischof Chrodegang von Metz mehrere Reliquien aus Rom. Darunter befand sich auch die des Heiligen Nabor, die der Bischof der Hilariuskirche in seinem Bistum vermachte. Diese Abteikirche und der Ort erhielten dadurch den Namen St. Nabor, der sich im Laufe der Jahrhunderte über „Saint Avuur“ schließlich in St. Avold veränderte.
Die Abteikirche St. Nabor, wie wir sie heute in St. Avold sehen, ersetzte einen Vorgängerbau, der im 18. Jahrhundert abgerissen wurde. Die Pläne entwarf der Benediktinermönch Leopold Durand (1666–1740), der zuvor schon in Moyenmoutier und Echternach ansehnliche Kirchen geplant hatte. Die neue Kirche wurde von Handwerkern aus dem süddeutschen Raum, aus Lothringen und Frankreich zwischen 1755 und 1769 erbaut. Zuvor waren die angrenzenden Klostergebäude und die Residenz des Abtes errichtet worden. Aber schon bald, nach kurzer Blüte, endete der Glanz der Kirche mit der Französischen Revolution. Das Kloster wurde aufgelöst und die Gebäude wurden verkauft. Die Abteikirche wurde gerettet, weil man sie anstelle der alten baufälligen Kirche als Pfarrkirche nutzen konnte.
Der Zweite Weltkrieg fügte der Kirche schwere Schäden zu, deren Beseitigung bis in die 1970er Jahre dauerte.
Das Gebäude ist über 67 Meter lang und 28 Meter breit. Der Nordturm misst 53 Meter in der Höhe, der Glockenturm 45 Meter. Die Kirche ist aus Buntsandstein gebaut, der aus Steinbrüchen in der Nähe von St. Avold stammt. Sie bietet ein harmonisches Bild mit ihrem hohen Schieferdach, einem massiven Glockenturm und eleganten Zwiebeltürmchen, die Laternen tragen und den Chor umrahmen. Es handelt sich um eine Hallenkirche in Kreuzform mit einem kurzen Querschiff. Sie repräsentiert den französischen Klassizismus mit eleganten Säulen und Korinthischen Kapitellen, Rundbögen und breiten Fenstern, die das Innere erhellen. Auch Stilelemente des Barock sind zu erkennen.

St. Nabor, römischer Offizier und Märtyrer, Schutzpatron der alten Abteikirche

Saint-Nabor in St.-Avold

L'église Saint-Nabor de Saint-Avold

L'histoire de Saint-Avold est étroitement liée aux origines du christianisme dans notre région. Elle commence avec la fondation d'un oratoire à la lisière de la forêt du Warndt par un ermite irlandais au début du VIe siècle. Le monastère bénédictin qui en est issu accueillit des mains de l'évêque de Metz les reliques de saint Nabor en 765. C'est à cet ancien officier romain martyrisé sous Dioclétien que la cité doit son nom. Grand bien lui en fit car les saintes reliques provoquèrent un afflux de pèlerins qui ne se tarit jamais au cours des siècles et qui est à l'origine du développement de la ville. Si le nom de Saint-Nabor s'est mué en Saint-Avold, c'est parce qu'une évolution dialectale de la prononciation s'est produite au cours du XVIe siècle. Par ailleurs, les habitants de la cité ont conservé le nom de Naboriens.

L'abbatiale Saint-Nabor actuelle, située en plein cœur de la ville, a été construite en lieu et place d'une église romane édifiée six siècles plus tôt. Un moine bénédictin, qui s'était fait un nom auparavant en tant que maître d'œuvre d'églises remarquables à Moyenmoutier et à Echternach, en avait conçu les plans. Pour animer le chantier ouvert en 1755, on recruta des artisans et des artistes en Lorraine, en France et dans le sud de l'Allemagne. L'église a pu ouvrir ses portes aux premiers fidèles en 1769. Parallèlement à ces travaux, on s'activa sur un autre chantier, celui de l'abbaye dont on avait entrepris la reconstruction en 1720. Ces grands travaux à peine terminés, la Révolution mit une fin abrupte à cette période faste du monastère. L'abbaye fut dissoute et mise en vente et l'institution du culte de l'Être Suprême marque à Saint-Avold le début d'une courte période de déchristianisation. Toutefois, l'abbatiale doit son salut à la signature d'un décret pris par Danton en personne (1792) par lequel elle est désignée église paroissiale officielle en remplacement d'un édifice vétuste et délabré. Restaurée au début du XXe siècle dans un style qui mélange des éléments classiques et baroques, l'abbatiale voit son carré de transept anéanti par une bombe américaine en 1944. La restauration difficile et coûteuse a pu être achevée en 1970.

L'édifice construit en grès rose extrait des carrières de Saint-Avold a une longueur de 67 mètres et une largeur de 28 mètres. Le visiteur entre dans une église-halle composée de trois vastes vaisseaux d'égale hauteur et d'un transept aux dimensions réduites qui lui donne la forme d'une croix latine. Le toit d'ardoise avec une voûte en berceau, une voûte d'arêtes et une voûte d'ogives culmine à 30 mètres. Deux élégants clochers à bulbe sont placés de part et d'autre du chœur semi-circulaire, et le clocher-tour s'élève à 45 mètres. Les colonnes aux chapiteaux corinthiens qui supportent les trois nefs, les magnifiques grandes orgues restaurées en 1987, les précieux vitraux anciens classés monuments historiques, les remarquables boiseries datant également du XVIIIe siècle restées intactes, une bouleversante mise au tombeau et quelques autres trésors font de cette église un édifice d'une beauté rare aux proportions équilibrées et harmonieuses.

Die gotische Darstellung der Grablegung Christi im Seitenschiff der Kirche St. Nabor wurde für die alte Pfarrkirche St. Peter und Paul, die während der Französischen Revolution aufgegeben wurde, hergestellt. Die Gruppe war ursprünglich farbig gefasst.

La mise mise au tombeau ci-contre a été réalisée vers l'an 1500 pour l'ancienne église paroissiale Saints-Pierre-et-Paul, sécularisée durant la Révolution française. À l'origine, cette représentation de l'ensevelissement du Christ était polychrome.

Valmünster

Die kleine lothringische Gemeinde – nach der letzten Zählung hat sie 93 Einwohner – leitet ihren Namen ab von „Münster", in diesem Fall allgemein für „Kirche" und dem alten deutschen Wort „wallen", das für „pilgern", „wallfahren" steht.
Valmünster ist also ein alter Wallfahrtsort. Die Johannes dem Täufer (Saint-Jean-Baptiste) geweihte Kirche wird erstmals im 10. Jahrhundert urkundlich als Villa Walamonasterii erwähnt, war also schon vor über tausend Jahren eine Pilgerkirche und ist damit das älteste Gotteshaus im Niedtal. Was wir heute sehen, stammt im Kern aus dem 12. Jahrhundert, romanischer Baustil also, aus der Zeit, als die Staufer Europa regierten. Im 16. Jahrhundert wurde sie zu einer dreischiffigen Hallenkirche umgebaut und erhielt statt der romanischen flachen Balkendecke ein Kreuzrippengewölbe. Valmünster stand in Lehen der Abtei Mettlach.

L'étude du toponyme de la petite localité – au dernier recensement on a dénombré 93 habitants – permet de dégager deux composantes étymologiques d'origine germanique: « wallen » qui signifie aller en pèlerinage et « münster » qui veut dire ici église. Valmunster était donc un vieux lieu de pèlerinage. L'église dédiée à saint Jean-Baptiste est sans conteste la doyenne des édifices religieux de la vallée de la Nied car un censier de l'abbaye de Mettlach, la seigneurie dont elle dépendait à l'époque, la mentionne sous le nom de «Villa Walamonasterii» déjà en 950.
Malgré différents remaniements subis au cours des siècles, l'édifice, qui se dresse sur un monticule au sud du village, a su conserver pour l'essentiel sa structure architecturale initiale datant du XIIe siècle, l'époque où la dynastie des Staufer régnait sur l'Europe. Il s'agit d'un style roman de type rhénan. Des travaux de rénovation entrepris au XVIe siècle ont transformé l'édifice en église-halle composée de trois nefs de hauteur égale. La toiture romane plate qui était charpentée a été remplacée par une imposante voûte sur croisée d'ogives.

Massive Stützmauern an den Außenwänden

Romanische Wallfahrtskirche Saint-Jean-Baptiste in Valmünster

Notre-Dame-de-Rabas

Als Karl der Große sich Anfang des 9. Jahrhunderts in Thionville aufhielt, pflegte er in den Wäldern der Umgebung zu jagen. An einem wunderschönen, heißen Tag machte er sich mit seiner Jagdgesellschft in Richtung Vigy auf und ging bei St. Hubert zur Jagd. Im Laufe des Tages wurde es bei der strahlenden Sonne immer wärmer und schließlich war die Hitze unerträglich, so dass die Männer die Jagd auf Wildschwein und Hirsch aufgaben.
Menschen und Tiere litten unter fürchterlichem Durst. Trotz intensiver Suche gelang es ihnen nicht, irgendwo auch nur ein paar Tropfen Wasser zu finden, um ihren Durst zu stillen.
Kaiser Karl konnte das Elend seiner Leute nicht mehr mit ansehen und legte ein Gelübde ab. Falls die Heilige Jungfrau Maria ihm zur Hilfe komme, werde er ihr eine Kapelle errichten lassen. Als darauf sein Pferd mit dem Huf auf den Boden stampfte, begann plötzlich an dieser Stelle eine Quelle zu sprudeln.

Um die Kapelle Notre-Dame-de-Rabas rankt sich eine Legende.

Karl der Große hielt sich an sein Gelübde und ließ in unmittelbarer Nähe der Quelle eine Kapelle errichten.
Die Quelle spendet noch heute erfrischendes Trinkwasser.

La légende raconte que Charlemagne, séjournant parfois à Thionville, avait pris l'habitude d'aller à la chasse dans les bois environnants. Un jour qu'il faisait beau et chaud, il se mit donc en route pour Vigy avec ses compagnons et la troupe commença à chasser dans les bois de Saint-Hubert. Cependant, la chaleur se faisait de plus en plus oppressante et finit par devenir si accablante que les hommes durent se résigner à abandonner la chasse. Tous se plaignaient de la fatigue et surtout de la soif devenue presque insupportable. Par malheur, ils s'étaient perdus dans les bois, et, malgré tous leurs efforts, ils ne trouvèrent ni la moindre source ni le plus petit ruisseau qui leur aurait permis d'étancher leur soif.
Finalement, l'empereur ne supportant plus de voir souffrir ses gens, eut l'idée d'implorer la Vierge de venir à leur secours contre la promesse d'ériger un oratoire en son honneur.
Et, en effet, sa prière fut exaucée, car sous les sabots de son cheval jaillit instantanément une source fraîche et limpide à l'endroit même où la monture de Charlemagne piétinait le sol.
L'empereur, quant à lui, tint son engagement auprès de la Vierge et fit ériger en 806 une petite chapelle à proximité de la source miraculeuse qui ne s'est jamais tarie depuis lors.
Ce premier oratoire était cependant très petit et dépourvu de clocher. Il a été remplacé deux siècles plus tard par la chapelle actuelle – restaurée au XIXe siècle – édifiée sur le même emplacement et consacrée, à ce que l'on dit, par le pape Léon IX en 1049. Cette belle chapelle est devenue un lieu de pèlerinage dès le XIe siècle, pèlerinage dont le succès ne s'est jamais démenti.

Die Quelle Karls des Großen, die den Menschen noch heute frisches, gesundes Wasser spendet

Am Ort der auf Geheiß Karls des Großen
errichteten Kapelle steht heute der Nachfolgebau Notre-Dame-de-Rabas

Karl der Große während einer Visitation in Thionville. Bei diesem Besuch entsprang – so will es die Legende – die sogenannte Karlsquelle in der Gegend von Saint-Hubert.

Charlemagne en tournée d'inspection à Thionville. Selon la légende, une source a jailli dans les environs de Saint-Hubert lors de cette visite d'inspection. Elle porte désormais le nom de l'empereur.

Eine sehr schöne, farbig gefasste gotische Madonna mit Kind ziert den Innenraum der Kapelle St. Rabas.

Une très belle madone polychrome gothique avec l'Enfant Jésus orne l'intérieur de la chapelle Saint-Rabas.

À côté de toutes ces églises séculaires qui nous émerveillent par leur architecture grandiose et les trésors inestimables qu'elles renferment, il existe une catégorie d'édifices religieux d'une facture bien plus modeste. L'église Sainte-Barbe de la Cité des Chênes à Hombourg-Haut en offre un bon exemple. Il s'agit là d'un ancien dépôt militaire américain datant de la Seconde Guerre mondiale composé de pièces préfabriquées en tôle ondulée. Si, après la guerre, ce type de bâtiment rudimentaire n'a pas échappé à la démolition, il a hébergé soit des logements, soit des services administratifs, des centres sportifs ou même des lieux de culte. Dans les années soixante, on a réaménagé l'ancien entrepôt de la Cité des Chênes pour l'adapter durablement aux besoins de la religion catholique, et on a placé la nouvelle chapelle sous le patronage de sainte Barbe, la patronne des mineurs si nombreux dans le bassin houiller. Mais le revêtement en tôle du bâtiment est actuellement dans un état tel qu'une rénovation s'impose d'urgence.

Die Kirche Sankt Barbara in Homburg-Haut

Nicht alle Kirchen glänzen durch ihr ehrwürdiges Alter, ihre prachtvolle Architektur oder ihre kostbaren Kunstschätze. Es gibt auch Beispiele für sehr bescheidenen Kirchenbau wie die Sankt Barbara Kirche in der Cité des Chênes in Hombourg-Haut, die sehr an eine sogenannte Nissenhütte erinnert.

Kirche St. Barbara

Die Kirche der Heiligen Barbara in der Cité des Chênes, einem Ortsteil von Hombourg-Haut, war ursprünglich ein amerikanischer Hangar, eine militärische Lagerhalle, wie sie in vielen Armeen im Zweiten Weltkrieg zur Anwendung kam. Entwickelt wurde dieser Typ eines rasch zu errichtenden Gebäudes von dem britischen Offizier und Ingenieur Peter Norman Nissen im Jahr 1916 (Nissen hut). Basis der Konstruktion sind Wellblechelemente, die rasch und unkompliziert zusammengefügt werden können. Nach dem Zweiten Weltkrieg dienten die zuvor militärisch genutzten Fertigbauten vielerorts auch zivilen Zwecken, da zahlreiche Gebäude zerstört waren. Sie wurden als Wohngebäude, Büros, Sporthallen und auch als Kirchen genutzt. Meist wurden sie nach wenigen Jahren durch feste Bauwerke ersetzt. Nicht so in der Cité des Chênes. Diese rasch hochgezogene Siedlung bot den zahlreichen Hütten- und Grubenarbeitern des benachbarten Bassin Houiller Wohnraum. Seit dem Jahr 1950 diente die von der amerikanischen Armee stammende Blechbaracke als kirchliches Sekretariat. In den 1960er Jahren wurde ihr Inneres als richtige Kirche eingerichtet und bis heute werden darin Gottesdienste gehalten. Sie gehört zur Pfarrei Sainte-Catherine in Hombourg-Haut und ist der Schutzpatronin der Bergleute, der Heiligen Barbara, geweiht. Unübersehbar ist, dass der Zahn der Zeit dem Metall zugesetzt hat, und so bietet sie, trotz der erkennbaren Zeichen des Bemühens um ihre Erhaltung, einen eher tristen Eindruck. Damit passt sie wiederum zu der im typischen Nachkriegsbaustil errichteten Cité des Chênes.

Moderne Kirchenbauten

Wenn wir ein Gebäude „modern“ nennen, sagt das nicht nur, dass es neu ist. Modern bedeutet mehr. Modern bedeutet, dass ein Bau, ein Kunstwerk, ein Gemälde oder eine Komposition aus dem jeweiligen Empfinden einer Epoche heraus ihren Stil, ihre Formensprache gefunden haben. Dies gilt natürlich auch für Sakralbauten. Sechs „moderne“ Kirchen sind in unserer Region seit 1945 entstanden.

Dès l'après-guerre, on a entrepris la construction de six églises «modernes» dans notre région. Il y a donc lieu de s'interroger sur le sens à donner au mot «moderne». Quand nous accolons ce qualificatif à un édifice, nous ne voulons pas exprimer par ce vocable seulement le fait qu'il a été érigé à une époque récente. Nous entendons plutôt par ce terme que l'édifice, l'objet d'art, le tableau ou la composition musicale en question sont l'expression de la sensibilité, de la vision du monde d'une époque et des formes stylistiques originales et adéquates que celle-ci a choisi de leur donner. Les lieux sacrés dont nous faisons mention dans cet ouvrage n'échappent évidemment pas à cette règle.

Rehlingen

Was auch immer der Anlass für einen Neubau der Kirche in Rehlingen gewesen sein mag, leicht ist den Rehlingern der Abschied von ihrer alten, ehrwürdigen Kirche aus dem Jahre 1748 nicht gefallen. Tatsache ist, Kriegsschäden, Witterungseinflüsse und eine, durch die Absenkung des Grundwasserspiegels als Folge der Saarverlegung, nicht mehr korrekte Statik hätten eine umfangreiche Grundsanierung des Gebäudes erforderlich gemacht.
Man entschied sich für einen Neubau nach Plänen der Architekten Auer und Frotscher aus Darmstadt.
So entstand 1973 ein ruhiger, nach innen gekehrter Innenraum, der wegen seiner überdurchschnittlichen Größe mit hohen Beton-Deckenbalken gesichert werden musste. Vom Kirchenraum aus gelangt man durch eine breite Türöffnung auf einen überdachten Vorplatz, der zu einem zusätzlichen Begegnungsraum wird für Besucher des gegenüberliegenden Pfarrheimes, für Kirchgänger und zufällige Passanten.

Die alte Kirche von 1748 in Rehlingen
Kohlezeichnung von Robert Eisenbarth

Die neue, 1973 eingeweihte Kirche in Rehlingen

Der Innenraum der Rehlinger Kirche

Madonna mit Kind

Skulptur des Saarbrücker Bildhauers Franz Alt

Gerlfangen

Die Kirche von Gerlfangen ist, wie alle ihre Vorgängerbauten, seit frühester Zeit dem Heiligen Kreuz geweiht. Dieses Patrozinium kennen wir schon aus Bouzonville.
Graf Adalbert von Metz brachte von seiner Pilgerreise nach Jerusalem Kreuzpartikel mit und gründete im Jahre 1033 die dem Heiligen Kreuz geweihte Abtei Busendorf (Bouzonville). Möglicherweise ist eine erste Kirche in Gerlfangen ebenfalls um diese Zeit von Adalbert erbaut worden. Eine andere Überlieferung besagt, dass ein Ritter von Gerlevingen, der an einem der Kreuzzüge teilgenommen hatte, wertvolle Kreuzpartikel nach Gerlfangen mitbrachte.
1864 wurde eine neoromanische Kirche errichtet. Der dem Kirchenschiff vorgesetzte Glockenturm mit den schmalen, sich nach innen verbreiternden Fensternischen, die fast wie Schießscharten wirken, erinnert an einen alten Wehrturm. Während des Zweiten Weltkrieges wurde die Kirche schwer beschädigt. Es bestand erheblicher Renovierungsbedarf. Gleichzeitig war die Einwohnerzahl Gerlfangens stark gestiegen, so dass man beschloss, die alte Kirche zu erweitern. Ein neuer Kirchenraum sollte entstehen, wobei man möglichst viel alte Substanz erhalten wollte. Dies geschah nach den Plänen von Karl Rösinger, Architekt aus Wadgassen.

Gerlfangen, die alte Kirche von 1864

Die erweiterte Pfarrkirche „Kreuzerhöhung“ konnte am 26. Juni 1966 konsekriert werden.

Der Innenraum

Oberesch

Die ehemaligen Orte (Burg) Esch, Mittelesch und Oberesch waren der Pfarrei Schwerdorf unterstellt und hatten seit dem 12. Jahrhundert ein gemeinsames religiöses Zentrum mit einem Friedhof und einer Wendalinuskapelle bei Burg Esch. Sie überlebte stark beschädigt den Dreißigjährigen Krieg und musste 1723 mit viel Geld aus Oberesch aufwendig renoviert werden.
Nach der Französischen Revolution und den veränderten Grenzverläufen nach der endgültigen Niederlage Napoleons lag die Kapelle der Oberescher in Frankreich, der Ort selbst gehörte jedoch nun zu Preußen.
Der Marquis de Villers von Bourgesch zahlte den Obereschern 200 Franken für die nun auf seinem Gebiet liegende alte Kapelle und lieferte damit den Grundstock für einen Neubau in Oberesch, der dann auch 1833 vollendet war. Schutzpatron wurde der Heilige Antonius, von dem noch eine hölzerne Skulptur aus der alten Kapelle erhalten war.
In den 60er Jahren des 20. Jahrhunderts war die Kapelle in einem schlechten baulichen Zustand und zudem zu klein geworden.
Folglich wurde – wieder nach Plänen des Architekten Karl Rösinger – eine neue Kirche auf einem freien Feld in der Nähe der alten Kapelle gebaut.
Sie bietet in einem lichtdurchfluteten Raum Platz für 300 Gläubige. Durch ihre betont schlichte Form und Gestaltung fügt sich die Kirche harmonisch in das ländliche Ortsbild ein.

Die alte Antonius-Kapelle in Oberesch

Die neue Kirche in Oberesch

Der Innenraum

Tromborn

Tromborn (ehemals Dreiborn, Dreibrunnen) liegt auf einer Hochebene, von der aus man große Teile des Niedtales überblicken kann. Während der napoleonischen Zeit wurde diese günstige Lage genutzt, um hier einen optisch-mechanischen Telegraphen nach dem Prinzip „Chappe" zu bauen, der mit der Siersburg und dem Litermont in Verbindung stand.
Während des Zweiten Weltkrieges, im Mai 1940, wurde der Kirchturm der kleinen Gemeinde von der französischen Artillerie gesprengt, weil er eine gute Zielmarke für die vorrückende deutsche Wehrmacht gewesen wäre. Im weiteren Verlauf des Krieges wurde Tromborn dann wegen seiner strategischen Lage komplett zerstört und musste nach Kriegsende wieder aufgebaut werden.
Eine neue avantgardistische Kirche wurde von den Architekten Fraise und Madeline geplant und 1955 fertiggestellt.
Die Kirche ist dem Heiligen Eligius (St. Éloi), dem Schutzpatron der Hufschmiede, geweiht.

Die Eligius-Kirche in Tromborn

Abbé Claude Chappe (1763–1805) war Geistlicher, aber auch Techniker. Er entwickelte gemeinsam mit seinen beiden Brüdern eine Vorrichtung, die er „Tachygraph" nannte und schuf damit eine völlig neue Nachrichtentechnik.
Es handelte sich um ein 5 Meter hohes Holzgerüst, an dessen Spitze zwei schwenkbare Balken angebracht waren, die wiederum je einen weiteren beweglichen Arm trugen. Über Rollen und Seile ließen sich die beweglichen Teile so verstellen, dass man damit 196 verschiedene Zeichen und Wörter bilden konnte. Im Abstand von ungefähr 10 km wurden die Holzgerüste auf hohen Gebäuden oder Aussichtspunkten errichtet und konnten mit Fernrohren erkannt werden.

Auch in dieser Kirche beeindruckt der hohe, lichtdurchflutete Innenraum.

À l'intérieur de l'église est suspendue une cloche chargée d'histoire. Avec ses 300 ans d'âge, elle est l'une des plus anciennes du diocèse de Metz.

Im Inneren der Kirche hängt eine der ältesten Glocken der Diözese Metz aus dem Jahr 1695, die immer noch benutzt wird.

Eine in Kupfer geprägte Abbildung am Altarsockel zeigt den Heiligen Eligius bei seiner Arbeit als Hufschmied.

Créhange

Die St. Joseph Kirche in Créhange

In den 1950er Jahren wurde in Créhange (Kriechingen) an der Deutschen Nied ein neues Wohngebiet erschlossen. Für die neu entstehende Gemeinde wurde zunächst die katholische St. Joseph-Kirche, ein Betonbau mit einem auffälligen freistehenden Glockenturm gebaut. Eine deutlich kleinere evangelische Kirche wurde in den 1980er Jahren im Neubaugebiet auf einem Eckgrundstück zwischen zwei bereits bestehenden Wohnhäusern errichtet.

Die evangelische Kirche in Créhange

Les églises modernes en pays de la Nied

Rehlingen À Rehlingen, on était bien obligé de se rendre à l'évidence : le temps avec son lot de guerres et d'intempéries avait laissé sa marque indélébile sur cette vénérable église construite en 1748. À cela s'ajoutait une statique du bâtiment défaillante causée par une baisse notable de la nappe phréatique, conséquence fâcheuse de la canalisation de la Sarre. Placée devant le choix déchirant entre une restauration coûteuse du vieil édifice ou sa démolition et une nouvelle construction, la commune opta pour la deuxième solution.

La nouvelle église a ouvert ses portes aux fidèles en 1973. Le toit est supporté par des poutres en béton. Il couvre un espace intérieur calme et spacieux qui donne l'impression d'un havre de paix invitant au recueillement et à la prière. Le parvis recouvert d'un toit est un lieu de rencontre pour les croyants, les passants et les visiteurs de l'église.

Gerlfangen Tous les édifices religieux, qui se sont succédé à Gerlfangen au cours des siècles, furent dédiés à la Sainte-Croix. Selon la tradition populaire, un chevalier originaire du pays aurait, au retour d'une croisade, déposé une parcelle de la Sainte-Croix en ces lieux. Ce qui ne protégea pas l'église construite en 1864 contre les graves dommages qu'elle subit lors de la dernière guerre. Les travaux de rénovation étaient placés sous le signe du respect de la tradition, car tout en l'agrandissant, on a réussi à garder intacte la structure de base initiale de l'édifice. Dans le même souci de préservation d'un patrimoine historique de valeur, on a réintégré une quantité notable de matériaux de construction d'origine dans le bâtiment réhabilité.

Oberesch Le nouveau tracé des frontières décidé en 1815 avait rendu inévitable la construction d'une chapelle dans cette zone frontalière, qui, aux termes du second traité de Paris, avait été rattachée à la Prusse. L'édifice achevé en 1833 fut placé sous le patronage de saint Antoine. Cependant, il y a un demi-siècle, la chapelle, qui se dégradait à vue d'œil, ne répondait plus aux besoins d'une population devenue plus nombreuse. En conséquence, la commune fit ériger une nouvelle église à proximité de la vieille chapelle. Grâce à ses dimensions modestes et à sa simplicité architecturale, le nouvel édifice se fond à merveille dans le village.

Tromborn Le village de Tromborn est situé sur un plateau d'où on a une vue panoramique sur la vallée de la Nied. Après le déclenchement des hostilités en mai 1940, l'armée française a dynamité le clocher de l'église pour enrayer l'avancée fulgurante de l'ennemi. Il s'agissait, en effet, de l'empêcher de régler ses tirs d'artillerie en se servant de cette tour comme repère. La situation géographique privilégiée du village a causé finalement sa perte, car il a été rasé complètement au cours des furieux combats qui ont marqué la phase finale de la guerre. Mais, dix ans plus tard, la paroisse a financé une nouvelle église dans le village relevé de ses ruines. L'édifice de style résolument avant-gardiste a été dédié à saint Eloi, patron des forgerons.

Créhange Dans les années cinquante, on a créé un nouveau lotissement à Créhange au bord de la Nied sans négliger la construction d'une église pour les catholiques pratiquants de la nouvelle paroisse. C'est un édifice en béton aux lignes simples et conventionnelles qui contrastent pourtant vivement avec un campanile futuriste, surmonté d'une grande croix, qui se dresse à quelques pas de l'entrée de l'église.

Un temple protestant nettement plus petit se niche entre les pavillons environnants du lotissement depuis les années quatre-vingts.

III

Klöster und Abteien

Monastères et abbayes

Franziskaner auf dem Oberlimberg

Die Gründung der Festungsstadt Saarlouis durch Ludwig XIV. nach den Plänen seines Baumeisters Vauban im Jahre 1680 war verbunden mit dem Zuzug vieler Handwerker und Arbeiter, die ohne ihre Familien oft von weit her kamen. Die fremden Arbeitskräfte wurden in einer eigens für diesen Zweck eingerichteten Barackensiedlung auf dem Bergrücken des Limbergs untergebracht, wo auch das notwendige Bauholz geschlagen werden konnte. Dass es in dieser Männergesellschaft nach getaner Arbeit zu Zechgelagen und auch Schlägereien kam, lässt sich denken. Um diesen Ausschreitungen entgegenzuwirken, wurde eine hölzerne Kapelle errichtet, in der ein Karmeliterpater regelmäßig zum Gottesdienst einlud.
Aus diesen Anfängen entwickelte sich in kurzer Zeit ein Franziskanerkloster, das auch Bestand hatte, nachdem die fremden Arbeiter wieder abgezogen waren. Die religiöse Stätte wandelte sich zu einem Wallfahrtsort „Maria vom Berg Karmel“, von dem heute noch die Reste eines Kreuzweges zeugen.
1802 fand, wie fast überall, das Klosterleben während der Französischen Revolution ein gewaltsames Ende.

Reste des Klosters Oberlimberg

Quand le grand urbaniste et ingénieur militaire Vauban entreprit, il y a plus de trois siècles, sur ordre de son roi, Louis XIV, la construction de la place d'armes de Sarrelouis pour défendre les nouvelles frontières du royaume, il fallut recruter un nombre non négligeable d'ouvriers et d'artisans venus parfois de loin et sans leur famille. Pour loger tout ce monde, on construisit des baraquements sur l'éperon appelé Limberg qui fournissait, par ailleurs, le bois nécessaire au vaste chantier qu'on allait ouvrir. Or, on imagine sans mal les gueuletons faits par ces hommes qui, en l'absence de leur entourage familial habituel, dégénéraient plus d'une fois en beuveries pouvant entraîner des querelles et des bagarres violentes. Pour tempérer les ardeurs et prévenir ce genre d'excès, on bâtit un oratoire en bois et les ouvriers eurent désormais l'occasion d'assister régulièrement à un office religieux célébré par un frère de l'ordre des Carmes.
De ces débuts modestes est né un monastère franciscain qui survécut non seulement à la fermeture du chantier mais encore finit par devenir un lieu de pèlerinage dédié à la Vierge Marie.
La Révolution signa finalement l'arrêt de mort de ce monastère comme de bien d'autres, mais des vestiges de l'ancien chemin de croix subsistent toujours.

Téterchen

In dem kleinen Ort Téterchen bestand seit dem 13. Jahrhundert ein Hospital, das vom Franziskanerorden betrieben wurde. Anfang des 19. Jahrhunderts gab der Orden seine Niederlassung auf und die Gebäude verfielen. Der Pater François Laglasse kaufte das Anwesen und richtete darin eine Oberschule ein. Nachdem er dann 1846 zu den Redemptoristen übergetreten war, überließ er dem Orden die Gebäude für eine Niederlassung. Bis 1965 wirkten die Patres und Fratres von hier aus in der ganzen Region.
Aufgabe des Ordens war vorrangig die Verkündigung und Seelsorge in den ärmeren Volksschichten und bei der Landbevölkerung. Daran erinnert noch ein Missionskreuz in der Kirche in Niedaltdorf.
Nach dem Zweiten Weltkrieg pilgerten weiterhin viele Bewohner des Niedtales – überwiegend Männer, darunter auch Deutsche – vor Ostern nach Téterchen. Böse Zungen behaupten, dass sie hofften, auf einen französisch sprechenden Beichtvater zu treffen, der ihnen, auch ohne sie zu verstehen, die Absolution erteilen würde.

Heute ist das aufgegebene Kloster in Téterchen deutlich sichtbar dem Verfall überlassen.

Les religieux de l'Ordre des frères mineurs avaient entretenu un hôpital à Téterchen dès le XIIIe siècle jusqu'au début du XIXe siècle. Après le départ des moines, les bâtiments tombèrent en ruine avant d'être rachetés par le père François Laglasse qui y établit un établissement scolaire. En 1846, Laglasse fit don du domaine à son ordre qui rayonna dorénavant dans toute la région jusqu'en 1965 et prêcha l'Évangile, en particulier aux classes populaires et rurales. Une croix dressée dans l'église de Niedaltdorf perpétue la mémoire de ces activités.
De mauvaises langues prétendent que dans les années d'après-guerre, de nombreux habitants de notre pays – notamment de sexe masculin – se rendirent de préférence à Téterchen pour se confesser. Ils caressaient l'espoir de tomber sur un confesseur qui n'avait qu'une connaissance approximative de la langue de Goethe pour obtenir plus facilement la rémission de leurs péchés.

Freistroff

Das Kloster in Freistroff liegt direkt an der Nied. Es wurde von Werri de Walcourt (Viric de Valcourt) im Jahr 1130 gegründet und an Prämonstratenserinnen übergeben. Dem Kloster war – wahrscheinlich durch Misswirtschaft – kein Erfolg beschieden und die Nonnen verließen den Ort nach wenigen Jahren wieder. Ihnen folgten im Jahr 1230 Zisterzienserinnen, die 1740 von Zisterziensermönchen abgelöst wurden. Wenig ist bekannt über das Wirken des Klosters. Man weiß aber, dass es im 17. Jahrhundert Kredite an die Bauern der Umgebung vergab, obwohl das Verleihen von Geld dem Klerus eigentlich verboten war. 1658 brannte das Kloster vollständig ab. Es konnte wieder aufgebaut werden, doch nach einer weiteren Feuersbrunst begann im Jahr 1775 der Niedergang der Anlage. Das Kloster musste sich bei der Nachbarabtei in Villers-Bettnach für den Wiederaufbau verschulden. Die wenigen heute noch erhaltenen Gebäude stammen aus dieser Zeit.
Die Französische Revolution beendete das Wirken der Ordensleute endgültig. Das Anwesen mit dem Grundbesitz der Abtei wurde aufgeteilt und an verschiedene neue Besitzer verkauft. Den wesentlichen Teil erwarb eine Familie Salomon, die hier zunächst eine Zuckerfabrik und später eine sehr erfolgreiche Brauerei einrichtete.
Um 1880 wurde eine Eisenbahnlinie gebaut, die direkt durch das Klostergelände verlief und die ehemalige Abtei endgültig in zwei Teile zerschnitt. Dieser Maßnahme fielen auch die Kirche und ein weiteres Klostergebäude zum Opfer. 1940 musste die jüdische Familie Salomon fliehen, ihre Gebäude wurden von der deutschen Armee requiriert. An Weihnachten 1942 brach durch Fahrlässigkeit ein Brand aus, der weitere Teile der Anlage zerstörte.
Der östliche, unmittelbar am Ufer der Nied gelegene Teil der Klosteranlage war schon 1939 durch Unachtsamkeit französischer Grenztruppen in Brand geraten. Heute gehört dieser Teil einer Familie Winter, die sich der geschichtlichen Bedeutung dieses Ortes sehr wohl bewusst ist, wie ein Schild am Haupttor bezeugt.

Ce monastère situé au bord de la Nied fut fondé en 1130 à l'intention de religieuses prémontrées. Elles cédèrent leur place cependant à des cisterciennes cent ans plus tard.
En 1740, ce fut au tour de moines cisterciens de prendre possession des lieux.
Nous possédons peu d'informations sur les activités du couvent. Nous savons cependant qu'il accorda des crédits à des paysans des environs bien que le prêt d'argent contre versement d'intérêts fût une pratique interdite par les hautes instances ecclésiastiques.
Le monastère devint la proie des flammes une première fois en 1658. Un deuxième incendie le frappa un siècle plus tard, et pour le reconstruire, la communauté religieuse dut s'endetter auprès de l'abbaye voisine de Villers-Bettnach. C'était le début du déclin du couvent de Freistroff, et les rares bâtiments conservés à ce jour datent de cette époque car la Révolution française mit un point final à son existence. Tous les biens mobiliers et immobiliers furent confisqués comme biens nationaux et revendus

à de nouveaux propriétaires.
La majeure partie en revint à la famille Salomon qui installa dans les bâtiments d'abord une sucrerie et, plus tard, une brasserie qui connut un succès incontestable. En 1880, la construction d'une ligne de chemin de fer coupa l'ancien couvent littéralement en deux. L'abbatiale et un second bâtiment disparurent à jamais au cours des travaux. En 1940, la famille Salomon dut fuir devant l'invasion allemande, et l'occupant nazi réquisitionna immédiatement la propriété. De simples inadvertances furent à l'origine de deux nouveaux incendies qui se déclarèrent en 1939 et en 1940 et qui sonnèrent le glas de l'existence de l'abbaye par les importants dommages qu'ils lui causèrent. L'inscription qui accueille le visiteur à l'entrée de ce lieu chargé d'histoire apporte la preuve que les propriétaires actuels, la famille Winter, sont pleinement conscients de la valeur du précieux patrimoine dont ils sont les légataires.

Der Klostergarten

Die alte Abtei in Freistroff

Das St. Antoniushaus Niedaltdorf

Das Kloster Niedaltdorf geht auf eine Stiftung der ledigen Margarete Hoen zurück. Sie vermachte der „Katholischen Kirchenfabrik zu Niedaltdorf" ihr Wohnhaus mit Ökonomiegebäude nebst Garten, zwölf Parzellen Ackerland und neun Morgen Wiesen. Das Haus war für ein katholisches Kloster vorgesehen, in dem wenigstens zwei Ordensschwestern leben und arbeiten sollten. Die eine sollte mittellose Kranke in Niedaltdorf versorgen, die andere eine Mädchenschule leiten, wo Handarbeit und Haushaltsführung gelehrt werden sollten.

Da sich bei der Planung herausstellte, dass das ursprüngliche Haus für die vorgesehenen Zwecke ungeeignet war, wurde es verkauft und von dem Erlös und weiteren Spenden das deutlich größere Haus der Familie Guitienne erworben.

Am 30. Mai 1899 konnten hier die drei ersten Franziskanerinnen der Gemeinschaft von Waldbreitbach einziehen. Sie begannen bald mit der Vergrößerung der Krankensäle. Durch den Bau der Eisenbahnstrecke Dillingen – Busendorf waren viele Arbeiter, meist Italiener mit ihren Familien, vorübergehend in Niedaltdorf wohnhaft. Sie alle ließen sich bei Krankheiten oder Unfällen im Kloster behandeln. Nachdem die Bahnstrecke fertiggestellt war, zogen die Arbeiter mit ihren Familien wieder weg und der Krankensaal wurde in eine „Kinderbewahrschule" umgewidmet.

Während des Ersten Weltkrieges diente das Haus auch als Lazarett. Danach erhielt es seine endgültige Prägung als Heim für pflegebedürftige Menschen.

Bis 1991 versorgten Franziskanerinnen hier alte Menschen, bevor sie sich überraschend zurückzogen.

Ihnen folgte der Orden der „Sühneschwestern vom Heiligen Geist", der das Haus im Sinne der Stiftung übernahm. Auch diese Schwestern vergrößerten und erweiterten das Kloster, so dass es heute in Niedaltdorf ein modernes Seniorenheim gibt.

Das Haus ist dem Heiligen Antonius geweiht, dessen Statue den Besucher im Eingangsbereich begrüßt. Blumengeschmückte Altärchen, zahlreiche Andachtsbilder und Heiligenfiguren überall im Haus zeugen von der Frömmigkeit der Ordensschwestern und der Bewohner des Hauses, in dem täglich die heilige Messe immer noch im vorkonziliaren, tridentinischen römischen Ritus gefeiert wird.

Alte Aufnahme vor dem Umbau, als noch eine
Hauswirtschaftsschule in dem Gebäude untergebracht war

Das St. Antoniushaus heute

Le couvent Saint-Antoine de Niedaltdorf

Le couvent de Niedaltdorf doit son existence à la donation généreuse d'une habitante célibataire du village. Margarete Hoen avait légué sa propriété constituée d'une maison d'habitation avec une annexe, d'un jardin, de quelques parcelles de terres arables et de neuf arpents de pâturage à une institution catholique. Selon les dernières volontés de la donatrice, sa maison devait être réaménagée en couvent et accueillir au moins deux religieuses. Celles-ci recevaient pour mission de s'occuper de malades dépourvus de moyens financiers propres et de dispenser un enseignement ménager aux jeunes filles.

Cependant, il s'avéra rapidement que l'exiguïté des lieux ne permettait pas de remplir toutes ces fonctions. On échangea donc cette maison contre une autre nettement plus grande, et en 1899, tout fut prêt pour l'accueil des trois premières sœurs franciscaines. Au début, elles eurent fort à faire avec les soins à dispenser aux travailleurs immigrés et aux membres de leur famille en provenance d'Italie. En effet, la construction de la ligne de chemin de fer qui devait relier Dillingen à Bouzonville avait nécessité le recours massif à une main-d'œuvre étrangère. Après la fermeture de ce chantier, les locaux, qui avaient donc fait jusque-là fonction d'hôpital, furent transformés en garderie et centre d'activités périscolaires pour jeunes enfants. Pendant la dernière guerre, ils servirent d'hôpital militaire avant de trouver une nouvelle affectation comme maison de retraite et de soins pour personnes dépendantes.

Lorsque les sœurs franciscaines partirent en 1991, un nouvel ordre religieux prit la relève. Depuis, le couvent, modernisé et agrandi, n'a jamais plus changé d'affectation et continue d'accueillir des personnes du troisième âge. Il est placé sous le patronage de saint Antoine et le visiteur est saisi par l'atmosphère de profonde religiosité dans laquelle baigne cette maison.

Gruppenfoto der Schwesternschülerinnen des Antoniushauses um 1910

Der Klostergarten

Der Konvent der Sühneschwestern vom Heiligen Geist, Ende der 1990er Jahre

Die Zisterzienserabtei Villers-Bettnach

Das Eingangstor zur Klosteranlage

Der Herzog von Lothringen stellte den Zisterziensern in der so waldreichen und von Bächen gesegneten Hügellandschaft um Vigy ein weitläufiges Wiesengelände zur Verfügung. Hier errichtete der Orden um 1130 die Abtei Villers-Bettnach als Tochterkloster von Morimond, einem direkten Ableger von Citeaux. Zu den zahlreichen Neugründungen, die danach von Villers-Bettnach ausgingen, gehörte auch das Kloster Wörschweiler bei Homburg.
Es wird berichtet, dass noch vor der Klostergründung Karl der Große und etwas später auch der deutsche Papst Leo IX. (Bruno von Egisheim-Dagsburg) sich an diesem Ort aufgehalten haben.
Wenn man die ehemalige Klosteranlage durch das gut erhaltene mächtige Eingangstor aus dem 17. Jahrhundert betritt, gewinnt man rasch einen Eindruck von der Größe und der Bedeutung des Konvents in den ersten Jahrhunderten nach der Gründung. Villers-Bettnach gehörte zu den reichsten Klöstern Lothringens. Im Umfeld besaßen die Mönche – insbesondere auch im Niedtal – zahlreiche Mühlen und landwirtschaftliche Großbetriebe, die sogenannten Grangien. Der Name leitet sich von dem lateinischen Wort granum (Korn) her und bedeutete ursprünglich „Kornspeicher". Unter anderem wurde auch Getreide aus Hemmersdorf geliefert, nämlich aus „Kirperch iuxta Hymmerstorf super flumen Nyde".
Erhalten sind noch Baureste der großen Hallenkirche mit ausladendem Querschiff und polygonalem Chor aus dem 13. Jahrhundert sowie Mauerteile, die zum Hauptgebäude mit den Unterkünften und Arbeitsräumen der Mönche gehörten. An einem inzwischen von Pflanzen überwucherten ehemaligen Fischteich erkennt man noch Teile einer alten Mühle.
Während der Französischen Revolution erlitt das Kloster das gleiche Schicksal wie alle anderen auch – 1790 wurde es aufgelöst und zu einem landwirtschaftlichen Betrieb umgewandelt.

L’abbaye cistercienne de Villers-Bettnach

Vers 1130, l’abbé Henri de Carinthie du monastère de Morimond, abbaye fille de Cîteaux, arriva, entouré de quelques moines, dans la vallée de la Canner. Les hommes étaient venus fonder une nouvelle abbaye au cœur de ce paisible paysage fait de collines boisées, de plateaux et de vallons où coule un ruisseau et où jaillissent plusieurs sources propices à l’élevage et à l’agriculture. Les moines répondaient à l’appel du duc de Lorraine, Simon Ier, qui leur avait fait don de cette riante vallée isolée et de vastes étendues forestières alentour. Toutes les conditions étaient donc réunies pour permettre aux ouvriers, tailleurs de pierre et artisans spécialisés venus avec les moines de se mettre au travail aussitôt. Saint Bernard lui-même avait fourni le plan de l’abbaye.
Par ailleurs, on racontait que quelques siècles plus tôt, des personnages aussi éminents que l’empereur Charlemagne et, plus tard, le pape Léon IX avaient séjourné en ces lieux.
La nouvelle abbaye prit un essor rapide, fut richement dotée et figura bientôt parmi les monastères les plus opulents et influents du duché. Elle possédait dans la vallée de la Nied également un nombre appréciable de moulins et de grandes exploitations agricoles avec leurs greniers à blé bien remplis. On y stockait aussi des céréales fournies par la commune de Hemmersdorf : « Kirperch iuxta Hymmerstorf super flumen Nyde. »
Quiconque franchit aujourd’hui l’imposant portail Coislin de 1729, qui donne accès au site, un vestige éloquent de la restauration complète de l’abbatiale entreprise à partir de 1723, peut aisément se faire une idée de la puissance, de la prospérité et du rayonnement passés de l’abbaye. Mais que reste-t-il de ces gloires d’antan ? Quelques murs délabrés de l’ancienne église-halle dotée jadis d’un vaste transept et d’un chœur polygonal se dressent dans le ciel lorrain. On peut s’attarder également devant des pans de mur des bâtiments claustraux, devant les restes du vieux moulin et le mur d’enceinte du site ou au bord d’un petit étang envahi par une végétation luxuriante, qui nous invite à la méditation sur la vanité des choses.

Mauerreste der Abteikirche aus dem XII. Jahrhundert

Bauernkapellle (Chapelle des Humbles)

In unmittelbarer Nachbarschaft steht noch eine Bauernkapelle (Chapelle des Humbles) aus dem frühen 18. Jahrhundert. Zunächst von den Zisterzienser-Mönchen seelsorgerisch betreut, wurde sie nach der Revolution 1792 zur Pfarrkirche des Ortes.
Die Kapelle verfügt über einen kleinen achteckigen Turm, dessen Dach mit Schindeln aus Kastanienholz gedeckt ist. Heute dient sie als Ausstellungsraum.

Le promeneur découvre, dans le voisinage immédiat du site abbatial, un édifice surmonté d'un gracieux clocheton octogonal en bardeaux de bois que prolonge une croix en fer. Il s'agit de la Chapelle des Humbles bâtie vers 1710 à l'intention des pèlerins, des visiteurs et, en particulier, des villageois auxquels on voulait éviter de fastidieux déplacements pour rejoindre l'église la plus proche d'un des villages environnants. Jusqu'à la dissolution de l'abbaye, la célébration de la messe fut assurée par un de ses moines. À partir de 1792, la chapelle devint l'église paroissiale officielle du bourg. Aujourd'hui, on y organise des expositions et différentes manifestations.

Ein Teil der alten Klosteranlagen dient heute als Gastwirtschaft

Der Mühlenteich

Der alte Friedhof in Villers-Bettnach mit einem Grabstein aus dem Jahre 1773

IV

Wegekreuze und Bildstöcke

Croix de chemin et calvaires

Wegekreuze im Tal der Nied

Zahlreich sind die Wegekreuze im Tal der Nied. Allein in der Gemeinde Rehlingen-Siersburg sind über hundert Kreuze aus alter und neuer Zeit erhalten. Eine vollständige Dokumentation ist in diesem Rahmen unmöglich, eine subjektive Auswahl deshalb unumgänglich. Ausgehend von der Mündung der Nied in die Saar bewegen wir uns flussaufwärts und betrachten die schönsten und historisch interessantesten Beispiele.

Le promeneur découvre ici au bord des routes, au carrefour des villages et au coin des champs un nombre impressionnant de croix de chemin et de calvaires. Les *croix Bildstock* figurent parmi les réalisations les plus originales de ces vieux témoins de la dévotion populaire et des usages religieux des populations rurales.
Dans la seule commune de Rehlingen-Siersburg sont conservées plus d'une centaine de ces croix de chemin parfois multiséculaires. Il est, bien sûr, hors de question d'en dresser ici un inventaire complet. Nous vous proposerons donc, en remontant le cours de la Nied à partir de sa jonction avec la Sarre, une sélection faite parmi les croix les plus remarquables et les plus chargées d'histoire.

Das „Küferkreuz" in Rehlingen

Alte Aufnahme des „Küferkreuzes", im Hintergrund die Siersburg

Das sogenannte Küferkreuz in Rehlingen wurde um 1900 errichtet. Es soll an den Doppelmord an Adam Wilhelm von Hausen und an dem Küfermeister Johann Zender erinnern. Die beiden wurden am 22. Mai des Jahres 1766 an diesem Ort von Ferdinand von Hausen ermordet. Die Herren von Hausen waren keine Brüder, sondern nur weitläufig miteinander verwandt. Gemeinsam waren sie Teilherren von Rehlingen. Beide waren als jähzornig bekannt und gerieten oft über die Verwaltung ihrer gemeinsamen Besitztümer in Streit – so auch am 22. Mai. Im Verlaufe dieses Streites erschoss Ferdinand von Hausen seinen Verwandten und dessen Küfermeister.

Cette croix qui fut érigée en 1900 à l'endroit même du crime tire son nom d'un double meurtre commis en 1766 par un membre de la famille von Hausen. À l'origine du drame sanglant, il y avait un conflit récurrent portant sur la gestion des biens communs que se partageaient les deux seigneurs von Hausen. Au cours d'une violente altercation, Adam von Hausen et son tonnelier furent abattus avec une arme à feu par l'irascible Ferdinand, un parent éloigné d'Adam.

Die Pieta auf dem Gelände der Siersburg

Auf dem Burgplateau in Siersburg erhebt sich auf einem hohen Sandsteinsockel unter einem Kreuz majestätisch eine Pieta nach dem Vorbild Michelangelos. Sie wurde ebenfalls um 1900 aus gebranntem, terrakottafarbenem Steinzeug hergestellt. Verwitterung, Kriegseinwirkungen und teilweise Vandalismus machten 1995 eine umfangreiche Sanierung erforderlich.

Sur le plateau du Siersberg se dresse cette majestueuse pietà inspirée d'une œuvre de Michelangelo. Le calvaire ayant beaucoup souffert des guerres, des ravages du temps et d'actes de vandalisme, a été entièrement restauré en 1995.

Das Hubertus-Kreuz von 1719

Auf dem Weg von Siersburg nach Niedaltdorf erhebt sich links der Straße an einem Feldweg, gerade auf Ihner Bann, ein Kreuz von 1719 mit Darstellung des Hl. Hubertus, der vor einem springenden Hirschen kniet. Daneben steht der Evangelist Markus, in der Hand eine Schriftenrolle.

Cette croix, érigée en 1719 au bord d'un chemin communal de Ihn, représente saint Hubert agenouillé devant un cerf. À ses côtés se tient l'évangéliste saint Marc, un rouleau de parchemin à la main.

Das Kreuz der Hoffnung

In Hemmersdorf steht vor dem stilvoll restaurierten ehemaligen Notariatshaus von 1735 ein Kreuz, das wohl gleichfalls im 18. Jahrhundert errichtet wurde. Es verheißt Hoffnung mit der Inschrift

O CRUX AVE SPES UNICA
(Kreuz, einzige Hoffnung, sei gegrüßt)

Une croix de chemin érigée à Hemmersdorf il y a trois siècles devant l'ancienne maison du notaire, restaurée avec goût, invite le passant à placer son espérance dans la bonté divine.

Das Guitienne-Kreuz

Das Foto zeigt den bekannten Siersburger Restaurator Heinz Schmitz bei der Arbeit am Guitienne-Kreuz.

FAMILLE

Guitienne   Richard

Die durch den Glauben an die Auferstehung in Gott vergnüg-ten Eltern.

Eine Familientragödie aus dem 19. Jahrhundert schildert das Guitienne-Kreuz in Niedaltdorf. Errichtet unmittelbar an der Kirche, vermittelt es die Trauer einer jungen Familie um den frühen Verlust ihrer Kinder und den Trost, den die Eltern durch ihren Glauben erfahren haben.
Vier Kinder im Alter zwischen 6 Monaten und 6 Jahren sind in der Familie innerhalb von 8 Jahren verstorben. In ihrer Trauer konnte nur Gott helfen: „Die durch den Glauben an die Auferstehung in Gott vergnügten Eltern".

Johannes Guitienne

Johannes Guitienne (1809–1898), geboren in Niedaltdorf, gehörte als Student der Rechtswissenschaften zu den bedeutendsten Vorkämpfern der 1848er Revolution. Das Ziel dieser Bewegung war die Herstellung der deutschen Einheit. Dem Adel gegenüber trat er für Rechtsgleichheit aller Bürger ein. 1832 nahm er am „Hambacher Fest" teil. Wegen Aufrufs zum Umsturz wurde er 1833 verhaftet und zum Tode verurteilt. Das Urteil wurde jedoch in eine Freiheitsstrafe umgewandelt. Nach sieben Jahren Haft wurde er begnadigt. Unbeirrt setzte er nach seiner Entlassung seine politische Arbeit fort, anfänglich als Bürgermeister von Niedaltdorf, später als Mitglied der Deutschen Nationalversammlung in der Paulskirche zu Frankfurt. Im Kulturkampf stand er auf Seiten der katholischen Kirche.

Longeville

Ein sehr altes Wegekreuz aus dem Jahre 1613, wunderschön restauriert, steht an einer Hauswand in der Hauptstraße von Longeville-lès-Saint-Avold.

Wegekreuz in Longeville-lès-Saint-Avold

Die Schönberger-Kreuze

Die Abbildungen zeigen „Schönbergerkreuze“ auf dem Friedhof in Biringen.

Rechts unten: Berthold Schönberger, der letzte Steinmetz dieser Familie, nach der Restaurierung eines beschädigten Kreuzes

Unter den einheimischen Steinbildhauern hat sich besonders die Familie Schönberger einen Namen gemacht. Über sechs Generationen, beginnend mit dem 1796 geborenen Johann Schönberger, wurde dieses Handwerk bis heute in der Familie gepflegt.
Es gibt in unserer Gegend kaum einen Friedhof, auf dem nicht kunstvoll gestaltete Kreuze aus den Schönberger-Werkstätten zu finden sind. Überwiegend wurde der weiße Savonnière-Stein aus Frankreich verarbeitet. Die meisten Kreuze sind lediglich mit „Schönberger Guerlfangen“ signiert, wodurch eine genaue Zuordnung zu einzelnen Familienmitgliedern nur schwer möglich ist.

Guiching

Das älteste Wegekreuz im Niedtal ist das Kreuz von Guiching. Es wurde 1597 als Pestkreuz errichtet und hat sowohl den Dreißigjährigen Krieg als auch alle folgenden Kriege überstanden. Im Laufe der Jahrhunderte wurde der Bildstock Zeuge vieler schauerlicher Geschichten wie zum Beispiel die von dem Hexenhaus mit den drei bösen Schwestern:

En 'ner alt Buut, nét weit von der Nitt, én Géchéngen hann fréjer drei bees Fraaen gewaant, drei Schweschtern déi Leit, Véih un Stécker verhext hann. Se hann gelacht, wenn den armen Bauern de Schwein, de Kéih un de Päer krébiert sénn. Wenn de Frucht neischt génn és un wenn de Kénner krank woren, woren se frouh. Nii hat man se gesinn sonndess én der Freeschtrower Kérch un de Leit ém Duerf han sich né meh verdraan, nur noch verstritt. Bés én scheenen Dach ... Mét Axen, Gawweln, Senzeln sénn die Männer of dat Hexenhaus los un hann déi drei Fraaen dout geschlaan, raus geschleef un beim Kreiz am Enn vom Duerf begraawt. Un do wor rouh.
Awwer Paar Johr droff hatt ma do gesinn waasen drei Bääm, drei Eschen. Un déi stehn noch do. Drei dick Eschen déi naats voller Fledermais sénn, ém Daa voller Koben. Un wenn de bees Loft peifft, hiert ma de Bääām tuten én der Naat un de Hénn bellen von Ängschten.

Der Bildstock in Guiching mit den drei großen Eschen

La commune de Guiching peut être fière de posséder le plus ancien Bildstock du pays de Nied. Il a été érigé en 1597 au lendemain d'une épidémie de peste et a traversé indemne la guerre de Trente Ans et tous les autres tourments qui ont agité notre région dans les siècles passés. Cette magnifique croix Bildstock est devenue aussi le témoin muet de maints forfaits. Il est donc légitime de donner la parole à Jean-Louis Kieffer (voir encadré ci-dessus).

Diding

Der Bildstock von Diding

Ein ebenfalls sehr altes und besonders schönes Wegekreuz ist der 4,20 Meter hohe Bildstock von Diding in der Gemeinde Hestroff. Er wurde 1630 vom damaligen Bürgermeister Nicolas Dalstein errichtet. Unterhalb des Kreuzes finden sich auf den vier Seiten, jeweils in einer Nische, Darstellungen von Heiligen, nämlich von Margarethe, Nikolaus, Stephan und Elisabeth. Auf der quadratischen Säule sind die Marterwerkzeuge symbolhaft für das Martyrium Jesu dargestellt.

Auf dem Foto links: Der Heilige Nikolaus mit den Kindern und die heilige Margarethe im Kampf mit dem Drachen

Der Heilige Stephan mit der Märtyrerpalme

Die Heilige Elisabeth mit dem Brotkorb

A Diding, commune de Hestroff, le promeneur peut découvrir un autre Bildstock qui se distingue également par son âge séculaire, son remarquable état de conservation et sa grande beauté. Le commanditaire, qui l'avait fait ériger en 1630 et entretenir ensuite par sa famille pendant plusieurs générations, était le maire de l'époque, Nicolas Dalstein. Le monument a été restauré en 1750 et en 1781.
Le Bildstock, qui est surmonté d'une croix, a une hauteur de 4,20 mètres. Une stèle carrée, ornementée des instruments de la passion du Christ, supporte sur les quatre faces de la croix des niches qui abritent les statuettes d'éminents saints d'Église : saint Étienne, premier martyr de la chrétienté, sainte Elisabeth qui tient un panier dans la main, saint Nicolas et sainte Marguerite.

Roupeldange

Etwa ein Dutzend Zeugnisse des Glaubens finden sich in Guinkirchen (Gehnkirchen) und Roupeldange (Ruplingen), zwei kleinen Orten direkt an der Nied, dort, wo das Tal seine größte Breite hat. Kommt man nach Roupeldange, so wird man von einem eindrucksvollen Kreuz aus dem Jahr 1814 mit Maria und Johannes am Fuße des Kruzifixes begrüßt.

Bildstock von Roupeldange

Les témoignages de la ferveur religieuse des habitants du Pays Boulageois sont nombreux. À preuve, la bonne douzaine de réalisations dues à cette piété populaire qu'on peut découvrir à Guinkirchen (Gehnkirchen) et à Roupeldange (Ruplingen), deux petits bourgs situés au bord de la Nied à un endroit où la vallée atteint sa plus grande étendue.
La photo ci-dessus montre le calvaire impressionnant de 1814 mettant en scène le Crucifié avec, au pied de la croix, la Vierge Marie et l'apôtre saint Jean.

Guinkirchen

Fährt man weiter nach Guinkirchen, so trifft man am Ortseingang auf das nach den Stiftern benannte Calvaire Burtin-Jeunhomme. Es wurde 1781, im Todesjahr des Müllers Jakob Burtin, von seiner Witwe Marie Jeunhomme errichtet. Lange Jahre fristete die Kreuzigungsgruppe hinter einem elektrischen Verteilerkasten ein trauriges Dasein. Erst vor kurzem wurde sie nach gründlicher und liebevoller Restaurierung wieder auf einem freien Platz aufgestellt.

Calvaire Burtin-Jeunhomme in Guinkirchen

Die Kreuzigungsgruppe hat eine Höhe von 4,50 m. In der Mitte eines bauchigen Fußteils ist die dreieinige Gottheit dargestellt, rechts und links von ihr der Heilige Martin und der Heilige Moritz, der Schutzpatron der Pfarrei.
Auf einem Altartisch erhebt sich das Kreuz, in dessen Stamm eine Nische eingelassen ist, in der Christus in Banden einen Platz gefunden hat. Darüber kann man unter einem Totenschädel die Widmung lesen *„Dieses Kreutz hat lasen aufrichten zur Ehr Gotes Iacob Burtin und Mari Ieunhomme"*.

Unter der Darstellung des Gekreuzigten mit Dornenkrone und Perizonium (Lendentuch) stehen die weinende Gottesmutter und Johannes. Vier weitere Heilige sind ihnen zugesellt, von denen lediglich der Heilige Jakobus, erkennbar an der Muschel und dem Pilgerstab, identifiziert werden kann.
Auf dem Kreuz hat man Farbreste – Blau, Ocker, Rot und Gold – gefunden, so dass man sich das ursprüngliche Aussehen recht farbenfroh vorstellen kann.

Le calvaire de Guinkirchen

Guinkirchen regroupe trois communes et se distingue par le nombre particulier de calvaires qui embellissent le village. Deux de ces calvaires sont monumentaux et figurent parmi les plus remarquables du pays de Nied. Le calvaire Burtin-Jeunhomme accueille le passant venant de Roupeldange à l'entrée de Guinkirchen. Il a été érigé en 1787 à l'initiative de la veuve du meunier Jakob Burtin. Longtemps relégué derrière un triste transformateur, il se présente plus beau que jamais à son nouvel emplacement, après une entière rénovation effectuée par la municipalité en 2011.
Le monument en grès a une hauteur de 4,50 mètres. La partie inférieure légèrement galbée comporte un bas-relief représentant en son centre la Trinité. Elle est encadrée par les statues de saint Martin et de saint Maurice, le patron de la paroisse. Une sorte de table d'autel supporte une niche abritant le Christ ligoté qui est surmontée d'une splendide croix de crucifixion. Sur une tête de mort on peut lire la dédicace: *« Cette croix a été érigée en l'honneur de Dieu par Jacob Burtin et Mari Jeunhomme. »*
Au pied du Crucifié en pagne avec sa couronne d'épines sont agenouillés la pietà et saint Jean. Ils se trouvent en compagnie de quatre autres saints parmi lesquels on reconnaît facilement saint Jacques grâce à sa coquille et son bâton de pèlerin.
Des traces de peinture retrouvées sur la croix – bleu, ocre, rouge et or – nous permettent d'imaginer l'apparence initiale fort colorée du calvaire.

Flasgarten

Etwa einen Kilometer von Guinkirchen entfernt findet man die Ruinen der Mühle von Flasgarten (Flachsgarten). Kurz bevor man diese Stelle erreicht, steht an einer Wegekreuzung am linken Niedufer eine der eindruckvollsten Kreuzigungsgruppen des Niedtales. Ihre Errichtung wird auf das Jahr 1757 datiert.
Zur Entstehung dieser Kreuzigungsgruppe gibt es eine Legende:

> Ein Bauer namens Jean Maurice erlebte an dieser Stelle ein Wunder. Jean musste mit seiner Frau Anna fünf Kinder durch Feldarbeit ernähren. Eines Tages ließ er sein Gespann auf dem Acker zurück, um die Heilige Messe zu besuchen. Als er vom Gottesdienst zurückkam, war sein ganzes Tagwerk schon erledigt, und am Pflug sah er einen Engel in weißen Gewändern. Aus Dankbarkeit ließ er sein Erlebnis in Stein meißeln und an dem Ensemble befestigen.

Der Bildstock erinnert an den Kreuzestod Jesu. Das 3 Meter hohe Kreuz steht auf einem Altar. Vor diesem kniet links Maria Magdalena, die mit einem Tuch ihre Tränen trocknet. Rechts vor dem Altar sieht man die Heilige Veronika mit einem Tuch in der Hand, auf dem das Antlitz Jesu abgebildet ist.
Auf dem Altar hält Johannes der Evangelist in der linken Hand ein Buch, seine rechte Hand drückt er gegen sein Herz. Ihm gegenüber steht eine unbekannte Heilige, deren

Haupt mit einem Schleier bedeckt ist. Am Fuße des Kreuzes sitzt die Jungfrau Maria. Sie hält den Leichnam Jesu auf ihren Knien. Das Kreuz selbst ist leer und teilweise mit einem Tuch umhüllt.
Die lateinische Inschrift lautet in der Übersetzung:

OH GRAUSAMER TOD, DU VERSTREUST UNS WIE ASCHE. ZU EHREN UNSERES GEKREUZIGTEN HERREN JESUS CHRISTUS UND SEINER SCHMERZREICHEN MUTTER MARIA. DIE EHELEUTE JEAN MAURICE UND ANNE BOUR AUS FLASGARTEN HABEN AUS GROSSER FRÖMMIGKEIT UND BESONDERER ANBETUNG HERAUS DARAUF GEDRÄNGT, DASS DIESE STATUE HIER REALISIERT UND ERRICHTET WIRD IM JAHRE DES HERREN 1757.

Unter der Inschrift sieht man Johannes den Täufer und wahrscheinlich (diese Figur ist schon stark verwittert) die Heilige Anna mit Maria als Kind, die Schutzpatrone der stiftenden Eheleute.
Auf einem zwei Meter breiten Relief auf dem Sockel der Kreuzigungsgruppe ist neben einem Kreuz das Stifterehepaar mit seinen fünf Kindern abgebildet. Links davon kniet der Heilige Hubertus mit einer Hundemeute vor einem Hirsch, ein Hinweis darauf, dass der Stifter Mitglied einer Hubertus-Bruderschaft, also einer Jagdgemeinschaft, war.
Links davon ist die Legende von „Isidore le laboureur“ (im Deutschen sagen wir „Isidor der Bauer“) abgebildet. Ein Zugtier zieht einen Pflug, der von einem Engel geführt wird. Hinter diesem Engel kniet ein Mann, die Hände zum Gebet gefaltet. Er blickt nach oben zu Gott, der von zwei Engeln begleitet wird. In Guinkirchen-Flasgarten gab es zu jener Zeit auch eine Gruppe von frommen Einwohnern, die sich „Les Laboureurs“ nannten.

Le calvaire de Flasgarten

Le calvaire monumental de Flasgarten est encore plus étonnant que celui de Guinkirchen. Il a été érigé en 1757 sur la rive gauche de la Nied, environ un kilomètre plus loin, près du moulin du même nom, qui est aujourd'hui en ruine.
Une légende évoque les circonstances de l'érection de ce calvaire en tout point remarquable.

Jean Maurice, un paysan du coin, devint témoin d'un miracle en ce lieu. L'homme devait nourrir avec sa femme Anne leurs cinq enfants par le travail aux champs. Or, un jour, il abandonna son attelage aux labours pour aller assister à la sainte messe. Et que vit-il au retour ? Tout le travail de la journée avait été fait entre-temps et un ange tout de blanc vêtu se tenait près de la charrue. En remerciement de cette aide surnaturelle, le laboureur reconnaissant fit graver la scène dans la pierre et l'intégra dans le monument.

Le calvaire est une représentation de la crucifixion du Christ. La croix de 3 mètres de haut repose sur un autel devant lequel est agenouillée Marie Madeleine en train d'essuyer ses larmes. Devant l'autel se tient également sainte Véronique, un linge à la main sur lequel est imprimée la face du Christ. Sur l'autel se dresse saint Jean, un livre dans la main gauche et la droite serrée sur son cœur. En face de lui se tient une autre sainte, la tête recouverte d'un voile. La Vierge Marie tient le corps de son fils sur les genoux au pied de la croix vide et voilée. Sous une inscription dédicatoire en latin, qui mentionne les noms des donateurs, on peut reconnaître un groupe formé de saint Jean-Baptiste et sainte Anne avec la petite Marie. Un entablement de 2 mètres de largeur comporte un bas-relief qui met en scène notamment la famille des donateurs, saint Hubert avec une meute de chiens devant un cerf et un ange occupé à labourer un champ. Dans son dos est agenouillé un homme les mains jointes en prière. Son regard est tourné vers Dieu qui est entouré de deux anges. L'inscription « Isidore le laboureur » commente la scène.

Le calvaire de Flasgarten

V

Kreuzwege

Chemins de croix

Kreuzwege im Niedtal

Nach den Wegekreuzen im Niedtal widmen wir uns den Kreuzwegen, dem Leiden Christi nachgebildete Wallfahrtswege, an denen die Ereignisse von der Verurteilung durch Pontius Pilatus bis zur Kreuzigung und Grablegung dargestellt sind. Dabei handelt es sich um einen sehr alten religiösen Volksbrauch, der ursprünglich aus Jerusalem stammt, wo man den Weg vom Ölberg nach Golgatha als Via Dolorosa, als „schmerzensreiche Straße“, nachvollzog.
In unserer Gegend finden sich Reste alter Kreuzwegstationen, zurückreichend bis ins 16./17. Jahrhundert, zum Beispiel in St. Avold, wo nur noch fünf alte Tafeln existieren. Aber es gibt auch noch völlig intakte Kreuzwege wie den in Bouzonville zum „Schönen Kreuz“.

St. Avold

Heilig Kreuz-Kapelle, St. Avold, Ende des 15. Jahrhunderts im spätgotischen Stil erbaut

Ein außergewöhnliches Kleinod begegnet uns an der Außenwand der Heilig Kreuz-Kapelle in St. Avold. Es sind fünf noch relativ gut erhaltene Tafeln eines uralten Kreuzweges aus der Zeit, als der Weg nur aus sieben Stationen bestand. Erst um 1600 begann man, Kreuzwege

Station I
Jesu Geißelung an der Martersäule

Station II
Jesu Krönung mit der Dornenkrone
und dem Schilfrohr als Zepter

Station III
Jesus vor dem Hohepriester Kaiphas
und seine Verurteilung zum Tode

mit 14 bebilderten Stationen zu errichten. Die in Kalkstein gehauenen Reliefs sind im spätgotischen Flamboyant-Stil gearbeitet. Sie sollen aus dem Jahr 1651 stammen, wobei uns die Entstehungsangabe „16. Jahrhundert“ wahrscheinlicher erscheint. Die dargestellten Szenen können sehr gut gedeutet werden.
Bei Beschreibungen der alten Kreuzwege mit 7 Stationen, die gelegentlich auch „die sieben Fußfälle“ genannt wurden, weil die Gläubigen bei jeder Station zum Gebet niederknieten, wird die Szene mit der Heiligen Veronika regelmäßig als Station IV beschrieben.
Der alte Kreuzweg in St. Avold weist eine Besonderheit auf, da er von dieser traditionellen Einteilung abweicht. Die ersten vier Bilder zeigen Jesus, noch bevor man ihm das Kreuz auflädt, das er bei der Veronika-Szene bereits trägt. Die „Schweißtuchszene“ muss also in diesem Fall der 5. Station zugeordnet werden – und nicht, wie sonst üblich, der Station IV.
Die beiden letzten, die 6. und die 7. Tafel, auf der die Kreuzigung und die Szene nach der Kreuzabnahme dargestellt sein müssten, sind leider verschollen.

Chemins de croix au Pays de Nied

Les chemins de croix, dont traite ce chapitre, invitent les fidèles et les pèlerins à suivre le Christ dans sa Passion et sa douloureuse marche vers la mort sur la croix. Les quatorze stations d'un chemin de croix classique figurent, en effet, sous la forme de tableaux ou de bas-reliefs, les principales étapes du chemin du calvaire de Jésus, de son arrestation et sa condamnation par Ponce Pilate à son crucifiement et sa mise au tombeau. C'est une tradition populaire ancestrale qui tire ses origines de Jérusalem où les chrétiens des temps anciens ont mis leurs pas dans ceux du Seigneur sur la Via Dolorosa le conduisant du mont des Oliviers à Golgotha.
Les vestiges les plus anciens de chemins de croix dans notre région datent des XVIe et XVIIe siècles, par exemple à Saint-Avold où cinq tableaux nous sont parvenus de cette époque et à Bouzonville qui possède un chemin de croix d'un âge vénérable en parfait état de conservation appelé « Belle-Croix ».

Station IV
Jesus wird von Pilatus dem Volk vorgeführt: „Ecce Homo“.

Station V
Die Heilige Veronika reicht Jesus das Schweißtuch.

Die Pieta, die dem heutigen Kreuzweg als 13. Station dienen würde, gehört nicht zu der Gruppe der anderen Tafeln.

Oberlimberg

Reste eines eindrucksvollen Kreuzweges, bei dem jede Station aus einer Gruppe von mehreren Personen besteht, die in Lebensgröße aus dem Stein gemeißelt wurden, befinden sich auf dem Limberg.
Auf dem Torso der Gottesmutter ist die Inschrift *Corail fecit 1722* zu lesen, ein Hinweis auf den bekannten Bildhauer Jean Pierrard de Corail, der hier im Jahre 1722 seine Arbeit begann. Corail, um 1670 in Metz geboren, fand als gläubiger Protestant Zuflucht in der Grafschaft Nassau-Saarbrücken, wo er 1724 starb.
Die Skulpturen auf dem Limberg gehören zu seinen letzten Arbeiten, die nach seinem Tod von seinen Schülern zu Ende geführt wurden. Der Kreuzweg wurde während der Französischen Revolution zerstört, indem allen Figuren die Köpfe abgeschlagen wurden. Was heute wie ein Trümmerfeld aussieht, lässt die alte Schönheit der ehrwürdigen Bildwerke nur noch erahnen.

Während der Französischen Revolution zerstörter Kreuzweg von Jean Pierrard de Corail auf dem Limberg

Le Limberg abrite les restes d'un chemin de croix impressionnant. Chaque station est composée d'un groupe de plusieurs personnages grandeur nature taillés dans la pierre.
L'inscription *Corail fecit 1722* gravée sur le corps tronqué de la Vierge Marie nous fournit le nom de l'artiste à l'ouvrage en l'an 1722. Il s'agit de Jean Pierrard de Corail, un huguenot né à Metz en 1670 et mort en 1724 au comté de Sarrebruck-Nassau où il avait trouvé refuge après la révocation de l'édit de Nantes.
Les sculptures du Oberlimberg figurent parmi les dernières œuvres réalisées par cet artiste renommé. Il revenait aux élèves qu'il avait formés d'achever le chemin de croix après sa mort.
Malheureusement, des révolutionnaires enragés ont détérioré irrémédiablement toutes les sculptures en les décapitant, comme ils l'ont fait si souvent en commettant des actes de vandalisme similaires en maintes autres occasions. En les contemplant, on ne peut se faire qu'une idée bien vague de la noblesse initiale de ces remarquables sculptures.

Bouzonville

Zum Gedenken an die Rückgabe der Reliquie des Kreuzes Christi findet jedes Jahr am Jahrestag der Wiederbeschaffung eine Kreuzweg-Prozession von der Kirche nach Stockholz zum Oratorium „Belle-Croix“ statt.
Auch dieser Kreuzweg, ursprünglich zusammen mit dem Oratorium eingerichtet, wurde während der Revolution zerstört. Dann war es Pastor Daniel, der den Wiederaufbau des Kreuzweges veranlasste. Die einzelnen Stationen wurden aus Steinblöcken hergestellt, die Tafeln mit der Darstellung des Leidensweges Christi sind mit weißer Ölfarbe gestrichene Gussplatten, von denen die Farbe leider stellenweise immer wieder abblättert.

Kreuzwegstation am Weg von der
Abteikirche Bouzonville zum „Belle-Croix“ in Stockholz

Station I
Jesus wird zum Tode verurteilt
Jésus est condamné à mort

Station II
Jesus nimmt das Kreuz auf seine Schultern
Jésus est chargé de la croix

Station III
Jesus fällt zum ersten Mal unter dem Kreuz
Jésus tombe pour la première fois

Station IV
Jesus begegnet seiner Mutter
Jésus rencontre sa mère

Station V
Simon von Cyrene hilft Jesus das Kreuz tragen
Simon le Cyrénéen aide Jésus à porter sa croix

Station VI
Veronika reicht Jesus das Schweißtuch
Véronique essuie le visage de Jésus avec un linge

Station VII
Jesus fällt zum zweiten Mal unter dem Kreuz
Jésus tombe pour la deuxième fois

Station VIII
Jesus begegnet den weinenden Frauen
Jésus rencontre les femmes éplorées

Station IX
Jesus fällt zum dritten Mal unter dem Kreuz
Jésus tombe pour la troisième fois

Station X
Jesus wird seiner Kleider beraubt
Jésus est dépouillé de ses vêtements

Station XI
Jesus wird ans Kreuz genagelt
Jésus est cloué sur la croix

Station XII
Jesus stirbt am Kreuz
Jésus meurt sur la croix

Station XIII
Jesus wird vom Kreuz genommen
und in den Schoß seiner Mutter gelegt
Jésus est déposé de la croix et remis à sa mère Marie

Station XIV
Der heilige Leichnam Jesu wird ins Grab gelegt
Le saint corps du Christ est mis au tombeau

Das Oratorium zum „Schönen Kreuz“

Die Freude war groß, als am Vorabend von Christi Himmelfahrt des Jahres 1616 die Herzogin Crouï aus Metz mit der Kutsche und großem Gefolge in Stockholz eintraf und den versammelten Benediktinerinnen der Abtei Bouzonville die so schmerzlich vermisste Reliquie, einen Span des Kreuzes Christi, übergab, die einige Jahre vorher von Hugenotten gestohlen worden war.
Zur Erinnerung an die Wiederbeschaffung dieser wertvollen Reliquie wurde an dieser Stelle ein steinernes Kreuz errichtet. Als das durch Kriegseinwirkungen zerstörte Kreuz etwa 100 Jahre später durch ein neues ersetzt werden musste, nannte man es „La belle croix“ „das Schöne Kreuz“, sei es, weil es schöner war als das Vorgängerkreuz, oder einfach, um es von einem in unmittelbarer Nähe stehenden, weniger aufwendigen Kreuz zu unterscheiden.
Von nun an wurde alljährlich unter Führung der Nonnen der Abtei Bouzonville an Christi Himmelfahrt eine Prozession in Erinnerung an die Rückgabe der Reliquie durchgeführt.
Diese Tradition fand ein jähes Ende während der Französischen Revolution, als das Kreuz, wie die meisten anderen religiösen Denkmäler, zerstört wurde. Noch schlimmer war, dass der von den Gläubigen verehrte Holzsplitter vom Golgatha von marodierenden Revolutionären im Rathaus von Bouzonville im Ofen verbrannt wurde.
Später wurde die Reliquie durch eine neue ersetzt, die stets am Patronatsfest, dem 14. September, verehrt wird.
In der nachrevolutionären Zeit brachte man an dieser so bedeutenden Stelle rasch wieder ein provisorisches Kreuz an, bis im Jahre 1844 Pastor Daniel seinen Traum verwirklichen und an Stelle des „Schönen Kreuzes“ ein Denkmal, ein Oratorium, errichten lassen durfte. Im Stadtarchiv finden wir die Genehmigung dokumentiert:

> *„Das Gelände, auf dem das Schöne Kreuz erbaut wurde, gehört der Gemeinde. Der Gemeinderat hat auf seiner Sitzung vom 18. 5. 1844 sein Einverständnis gegeben, dass Herr Pastor Daniel an dieser Stelle ein Oratorium errichten darf, das aus sechs Säulen von ca. 3,5 Meter Höhe und einem Durchmesser von 6 Metern besteht. Auflage ist, dass dieses Oratorium von dem Stifter oder durch die Einnahmen des Opferstockes unterhalten wird.“*

Die zwölfte Station mit der Kreuzigungsgruppe ist das Oratorium.

Unter einem auf sechs Säulen ruhenden Dach ließ Pastor Daniel eine Kreuzigungsszene errichten. Bei späteren Renovierungsarbeiten wurden die hinteren Fassaden des sechseckigen Oratoriums zugemauert und die Front durch ein Eisengitter geschützt. Die sehr schöne Darstellung des Christus am Kreuz mit der Jungfrau Maria und dem Heiligen Johannes ist nach aufwendiger Restaurierung bis heute erhalten und die Prozessionen finden wieder regelmäßig an Karfreitag statt.

L'oratoire « Belle-Croix »

Quand, à la veille de la fête de l'Ascension de l'année 1616, la duchesse de Crouï arriva de Metz en compagnie d'une brillante escorte pour remettre le morceau de la sainte Croix, que des huguenots avaient dérobé quelques années auparavant, aux Bénédictines de Bouzonville qui l'attendaient au Stockholz, il y eut une explosion de joie. En mémoire de cet événement on érigea une croix en pierre sur les lieux du retour de la précieuse relique.

Cent ans plus tard, il fallut remplacer cette croix détruite au cours de conflits guerriers et on parlait désormais de « La Belle-Croix », soit parce qu'elle était effectivement plus imposante que l'ancienne, soit pour la distinguer d'une autre croix plus simple qui se dressait dans son voisinage immédiat. Les processions, qui avaient lieu tous les ans le jour de l'Ascension sous la conduite des religieuses de Bouzonville pour commémorer le retour de la relique, datent de cette époque.

Oratorium zum „Schönen Kreuz"

La Révolution mit une fin brutale à cette pratique par la destruction de la Belle-Croix. Des révolutionnaires maraudeurs et déchaînés ne reculèrent même pas devant le sacrilège suprême en brûlant la sainte relique dans un poêle de l'Hôtel de Ville. Plus tard, on remplaça la relique perdue à jamais par une autre qui est honorée depuis lors, le jour de la fête patronale. En outre, la paroisse érigea une nouvelle croix provisoire en lieu et place de l'ancienne jusqu'au moment où, en 1844, l'abbé Daniel put réaliser son rêve en construisant un oratoire à l'emplacement de la Belle-Croix. Le conseil municipal lui avait cédé le terrain à cet effet.

L'oratoire hexagonal actuel, dont le toit repose sur six colonnes et qui a été entièrement restauré à grands frais entre-temps, abrite une remarquable crucifixion. La Vierge Marie et saint Jean se tiennent de part et d'autre d'un Jésus en croix majestueux. Une grille en fer forgé protège l'accès à ce beau lieu de prière et de pèlerinage.

Les processions ont repris depuis longtemps et se déroulent chaque année le Vendredi saint.

Niedaltdorf

Die Wände der Niedaltdorfer Pfarrkirche St. Rufus kleidet ein Kreuzweg aus 14 Ölgemälden eines sogenannten Führich-Kreuzweges. Dies sind Kreuzweg-Tafeln, die getreue Kopien nach Kupferstichen des österreichischen Malers Joseph Ritter von Führich (1800– 1876) sind. Er war bekannt als Meister religiöser Themen und gehörte zur Gruppe der sog. Nazarener. Ziel der Nazarener war die Erneuerung der Kunst im Geiste des Christentums, insbesondere nach der napoleonischen Ära.
Führich hat diesen Kreuzweg ursprünglich für Kirchen in Prag und Wien geschaffen. Er orientierte sich dabei an alten deutschen und italienischen Meistern im Sinne der mittelalterlichen Kunst.
Die Kosten für die Malereien in Niedaltdorf von damals 352 preußischen Talern stifteten unter anderem die Familie von Johannes Guittienne, Niedaltdorfer Vorkämpfer der deutschen Demokratiebewegung, und Familie Dusartz de Vigneulle.

Hemmersdorf

In die Trockenmauer eines ehemaligen Wingerts eingelassene Kreuzwegstationen in Hemmersdorf. Der Weg führt zur Kapelle der Schmerzhaften Mutter Gottes.

VI

Ossuarien
Ossuaires

Ossuarien im Niedtal

Ossuarien, Beinhäuser, sind Räume oder kleine Kapellen, in denen menschliche Gebeine aufbewahrt werden. Normalerweise handelt es sich dabei um Gebeine aus Gräbern, deren Liegezeit abgelaufen ist und die neuen Gräbern Platz machen müssen. Nach vielen Jahren in der Erde sind dann meist nur noch die stärksten Knochen erhalten – in der Regel Schädel und Oberschenkel.
Im Niedtal hat sich dieser Brauch der langjährigen Aufbewahrung der Gebeine bis zum Beginn des 20. Jahrhunderts erhalten. Die Ossuarien stehen meist auf den jeweiligen Friedhöfen, abseits von den sakralen Gebäuden.
Häufig finden sich an den Wänden oder den Säulen der Ossuarien Reliefs mit Darstellung eines Schädels und zwei gekreuzten Oberschenkelknochen darunter oder Kerzen als Symbol des verlöschenden Lebens und oft auch die Inschrift „MEMENTO MORI" – „Denke daran, dass Du sterben musst".

Kerzen als Symbol des verlöschenden Lebens

Ossuaires au pays de Nied

Le mot « ossuaire » désigne des petites chapelles ou des locaux dans lesquels sont conservés des ossements humains. D'ordinaire, il s'agit là d'ossements retirés des tombes dont on avait besoin pour procéder à de nouvelles inhumations. En règle générale, il ne subsiste des restes humains que des crânes et des fémurs après un repos plus ou moins long passé sous terre.
La pratique de la conservation des ossements dans des ossuaires sur une longue durée s'est maintenue au pays de Nied jusqu'à l'aube du XXe siècle.
Les ossuaires sont situés en général dans nos cimetières à l'écart des édifices religieux. Leurs parois ou leurs piliers sont ornés fréquemment de reliefs sculptés représentant un crâne au-dessus de deux fémurs croisés ou de cierges qui symbolisent la finitude de la condition humaine. On trouve également souvent sur les murs des ossuaires des plaques portant l'inscription « MEMENTO MORI – N'oublie jamais que tu es mortel ».

Vom ehemaligen, im neugotischen Stil errichteten Ossuarium hinter der Kirche in Valmünster ist nur noch die Fassade erhalten. Davor findet sich heute das Grab der Familien du Molart und d'Hausen in Form einer kleinen Kapelle.

La façade ci-contre est le dernier vestige restant encore debout de l'ancien ossuaire de Valmunster. Cet ossuaire sis derrière l'église avait été construit dans le style néogothique. Son emplacement originel est actuellement occupé par le monument funéraire en forme de petite chapelle des familles du Molart et d'Hausen.

Ossuarium von Faulquemont

Das Ossuarium von Faulquemont (Falkenberg) wurde Ende des 17. Jahrhunderts errichtet. Es steht in einer Ecke des Friedhofs, etwas entfernt von der Kirche St. Vincent. Auf vier sandsteinfarbenen Säulen ruht das ziegelgedeckte Dach. Mit blutroter Farbe (die Legende sagt, es sei tatsächlich Blut) ist auf eine der Säulen das Wort „ÉGALITÉ" geschrieben, das uns daran erinnern soll, dass wir vor dem Tode alle gleich sind..

L'ossuaire de Faulquemont date de la fin du XVIIe siècle. Situé à l'angle du cimetière, près de la porte principale, il est isolé de l'édifice religieux. Le toit en tuiles de l'ossuaire repose sur quatre piliers couleur de grès. Sur l'un des piliers le mot « ÉGALITÉ » est tracé à la sanguine. Il nous rappelle que nous sommes tous égaux devant la mort.

Niedervisse

Auf dem Friedhof in Niedervisse steht ein kleiner Bau mit Pultdach und zwei Rundbogenfenstern. Ein vergittertes Eingangstor gibt den Blick frei auf die sterblichen Reste der hier einst Bestatteten. Das Ossuarium stammt aus dem 15. Jahrhundert und beherbergt noch heute die Gebeine von etwa 20 Personen aus dieser Zeit.

Dans le cimetière catholique de l'ancien village de Niedervisse qui fut détruit pendant la guerre de Trente Ans se trouve un petit ossuaire (3 mètres de long pour 1,90 mètres de large). Cet ossuaire est unique en son genre dans notre région. Sa construction remonte à la fin du XVe siècle ou au début du XVIe siècle. Trois ouvertures en ogive grillagées permettent à l'œil du visiteur de se porter sur les nombreux ossements originaux déposés en ce lieu il y a plus de cinq siècles.

Ossuarium von Niedervisse

In Niedervisse findet sich das einzige Ossuarium im Niedtal, das noch ursprünglich belegt ist.

Boucheporn

Mitten im Zentrum von Boucheporn (Buschborn) hat sich unmittelbar neben der Pfarrkirche die Fassade des Beinhauses von 1846 erhalten. Sie trägt die Inschrift „Heute mir, Morgen dir". Die Säulen sind mit Symbolen des Todes – Totenschädel und gebrochene Kerzen – verziert und erinnern so an die Unausweichlichkeit des Todes.

Eine alte Fotografie des Ossuariums von Boucheporn

Die gebrochene Kerze als Symbol der Vergänglichkeit

Die Fassade des Beinhauses hat sich erhalten.

La façade de l'ancien ossuaire du village, datant de 1846, est encore visible à gauche de la tour-clocher de l'église. Elle porte l'inscription « *Heute mir, morgen dir* » (*Moi aujourd'hui, toi demain*) rappelant au visiteur la mort inévitable.

VII

Marienverehrung

Culte de la Vierge Marie

Mater Dolorosa und Gottesgebärerin

Schon immer wird Maria zu beiden Seiten der Grenze verehrt. Sie ist neben Christus die zentrale Figur der christlichen Religion. Als Mater Dolorosa teilt sie in den Augen der Gläubigen alle Sorgen und Nöte der Menschen. Diese Verehrung begann 451 mit dem Konzil von Chalcedon. Seither wird Maria nicht nur als die Mutter des Menschen Jesus, sondern auch als Gottesgebärerin gesehen. Am 1. Januar feiert die Kirche das Hochfest „Mutterschaft der allerseligsten Jungfrau Maria".

Die Katholische Kirche kennt über 30 Mariengedenk- und -feiertage. Die Monate Mai und Oktober sind als Marien- und als Rosenkranzmonat der Gottesmutter geweiht.

Hier ist anzumerken, dass das Rosenkranzgebet ganz in unserer Nähe, im Kloster Marienfloss bei Sierck-les-Bains, entstanden ist. Karl II., Herzog von Lothringen, hatte auf Bitten seiner Gattin, Margarete von Bayern, Kartäusermönche aus Trier ins Kloster Marienfloss eingeladen. Einer von ihnen, Adolf von Essen, schuf um 1415 das Rosenkranzgebet in seiner heutigen Form.

Auch heute noch wenden sich leidgeprüfte, Hilfe suchende Menschen an die Mutter Gottes. Zahlreiche Monumenta Sacra zeugen im Tal der Nied von diesem Glauben.

Rehlingen

Zwischen fünf mächtigen Lindenbäumen, die 1804 aus Anlass der Kaiserkrönung Napoleons gepflanzt wurden, erhebt sich die Marienkapelle in Rehlingen. Sie wurde 1949 von Rehlinger Bürgern als Dank für die glimpflich überstandenen Kriegsjahre und die unbeschadete Rückkehr errichtet. Dieses Zeichen des Dankes entsprang einem Gelübde, das die Rehlinger abgelegt hatten, während sie in den letzten Tagen des Krieges im Pilzberg, einem Stollen der ehemaligen Gipsgrube am Fuße der Siersburg, Schutz suchten.

Auf der Rückseite der Kapelle ist ein Holzkreuz aus der abgerissenen alten Pfarrkirche angebracht.

Die Rehlinger Marienkapelle, in deren Innerem eine Sandstein-Pieta des Bildhauers Korbinian Haßlinger aufgestellt ist

Hemmersdorf

Seit 2003 hat auch Hemmersdorf eine eigene Kapelle zur Verehrung der Schmerzhaften Mutter Gottes. Ihre Erbauung geht auf das Wirken des ehemaligen Pfarrers Erich Andries zurück, der ein großer Marienverehrer war. Er initiierte die Fußwallfahrt in das 100 Kilometer entfernte Klausen. Aus Anlass des 40-jährigen Jubiläums ihrer Pilgerwanderung ließen die Hemmersdorfer eine eigene Marienkapelle errichten.

Depuis 2003, Hemmersdorf possède également sa chapelle dédiée à la pietà. Elle a été édifiée à l'initiative de l'ancien curé de la paroisse Erich Andries qui vouait un culte particulier à la Sainte Vierge. Ce même curé est également à l'origine du pèlerinage que les fidèles effectuent à pied à Klausen à 100 kilomètres de là. La chapelle de Hemmersdorf a été construite à l'occasion des 40 ans de ce pèlerinage.

Neunkirchen-lès-Bouzonville

Mitten im Ort grüßt von einem Sockel aus Maria die Vorübergehenden. Die Statue wurde 1895 von Marie Hann gestiftet.

Marie Hann est la donatrice de cette statue de la Vierge Marie qui salue le passant du haut de son piédestal au centre du village. La statue a été érigée en 1895.

Lourdesgrotten

Zahlreich sind die Lourdesgrotten im Niedtal. Fast in jedem Ort ist eine Nachbildung der Grotte von Massabielle bei Lourdes in Südfrankreich errichtet worden. Dort ist 1858, für Gläubige unzweifelhaft, der 14-jährigen, später heiliggesprochenen Bernadette Soubirous mehrfach die Jungfrau Maria erschienen. Nach der Beschreibung des Mädchens trug sie ein weißes Kleid, einen blauen Schleier und auf jedem Fuß eine goldene Rose. Mit dem Satz: „Ich bin die unbefleckte Empfängnis“ gab sie sich zu erkennen.
Im Zentrum jeder Grotte steht eine Marienstatue nach Bernadettes Beschreibung.

Niedaltdorf

Die Lourdesgrotte in der Pfarrkirche St. Rufus wurde 1890 nach den Plänen des damaligen Pfarrers Rausch eingerichtet und ist damit die älteste ihrer Art auf deutschem Boden. Sie ist 8 Meter hoch, 6 Meter breit und hat eine Tiefe von 4 Metern. Sie besteht aus rotbraunem vulkanischem Gestein aus dem Mühlbergskrater bei Andernach.

C'est M. le curé Rausch qui avait pris en 1890 l'initiative de l'installation de la grotte de Lourdes à l'intérieur de l'église paroissiale selon ses plans. Cette petite merveille qui vaut le détour est la plus ancienne réplique de la fameuse grotte des apparitions de la Vierge Marie sur le sol allemand. Ses dimensions sont de 8 mètres de haut pour une largeur de 6 mètres et une profondeur de 4 mètres. La pierre cuivrée d'origine volcanique a été extraite au Mühlberg près d'Andernach.

Die älteste Mariengrotte auf deutschem Boden in Niedaltdorf, deutlich erkennbar zwei Schlangen als Symbol der Versuchung, der gottwidrigen Gesinnung

Saint-Avold

Boulay

Marienstatue von Remelfangen im Gegenlicht

Remelfangen

Gegen Ende des Zweiten Weltkieges – die Amerikaner näherten sich unter heftigen Gefechten dem deutsch-französischen Grenzgebiet – suchten die Einwohner von Remelfangen – genauso wie die in Siersburg – Schutz in den Stollen eines Gipsbergwerkes. In dieser Situation legte der Pfarrer der Gemeinde das Gelübde ab, eine Marienstatue zu errichten, wenn die Bevölkerung unbeschadet die Kriegshandlungen überleben würde.

Da alle Schutzsuchenden die Kampfhandlungen unversehrt überstanden, war der Pfarrer in der Pflicht und nur sieben Jahre später konnte die Statue „Unserer Lieben Frau von der Versöhnung" auf dem Berg, der von nun an „Marienberg" hieß, eingeweiht werden.

Seit dieser Zeit findet alljährlich am Sonntag nach Mariä Himmelfahrt eine Wallfahrt nach Remelfangen statt, an der sich auch Pilger aus dem saarländischen Wallerfangen besonders zahlreich beteiligen.

Weit sendet Maria ihren Friedensgruß ins Tal der Nied.

Rémelfang

Rémelfang a profité de ses carrières de gypse dont les galeries ont servi de refuge aux habitants lors de la violente bataille des frontières qui a fait rage de septembre 1944 à mars 1945. Une grande statue de Notre-Dame de la Réconciliation a été érigée après la Seconde Guerre mondiale sur une colline qui s'appelle désormais « Marienberg » et qui attire tous les ans de nombreux pèlerins allemands et français.

Basilika Notre-Dame-de-Bon-Secours in St. Avold

Ein Ort besonderer Marienverehrung ist die Basilika Notre-Dame-de-Bon-Secours in St. Avold, zu der zahlreiche Pilger von überall her Wallfahrten unternehmen.
Eine Legende besagt, dass Benediktinermönche aus St. Avold einst eine Marienstatue nach Valmont bringen wollten. Während einer Verschnaufpause setzten sie die Statue am Wegesrand ab. Als sie weitergehen wollten, mussten sie feststellen, dass die Figur sich nicht mehr bewegen ließ. Die Statue schien an dieser Stelle festgewachsen zu sein. Für die Mönche war dieses Zeichen des Himmels Anlass, hier eine Marienkapelle zu errichten. Die Kirche geht auf einen Vorgängerbau nach Plänen von Vauban zurück, der uns sonst nur als Festungsbaumeister des Sonnenkönigs bekannt ist. Diese Vauban-Kirche wurde Opfer der Französischen Revolution. Eine spontan wieder aufgebaute Kirche wurde im Laufe der Zeit zu klein, so dass ein größerer Neubau erforderlich wurde.
1897 wurde die mächtige, im neoromanischen Stil erbaute Kirche eingeweiht. Über einem achteckigen Grundriss erhebt sich ein zentraler Turm mit einer mächtigen Kuppel.

L'afflux de nombreux pèlerins venus de toutes parts vénérer une statue de la Vierge Marie ne s'est jamais tari depuis la pose de la première pierre de la basilique en 1890. Selon la légende, des moines bénédictins de Saint-Avold avaient entrepris de transporter une statue de la Vierge à Valmont. Or, lorsqu'ils voulurent reprendre la route après une courte halte, ils constatèrent que, malgré tous leurs efforts, la statue refusait de se laisser soulever et emporter. Les moines en conclurent que c'était là un signe envoyé du ciel et ils entreprirent, sans plus tarder, la construction d'une chapelle dédiée à la mère du Christ en cet endroit même où la vénérable statue semblait avoir pris racine. La basilique actuelle a été édifiée en lieu et place d'un édifice dont l'architecte n'est autre que l'illustre Vauban, maréchal de France et commissaire général des fortifications du Roi-Soleil. Hélas, cette église fut détruite pendant la Révolution française et une nouvelle église construite dès la fin des troubles révolutionnaires s'avéra être trop petite. En 1897 fut consacrée une nouvelle basilique aux dimensions imposantes dans un style qui s'inspire de l'architecture romane médiévale. Sur la base d'un plan octogonal s'élève une tour centrale surmontée d'une coupole impressionnante.

Basilika Notre-Dame-de-Bon-Secours in St. Avold

VIII

Heiligenverehrung

Culte des saints

Die Vierzehn Nothelfer

Die unter der Bezeichnung „Vierzehn Nothelfer" zusammengefassten Heiligen wurden schon im neunten Jahrhundert verehrt und angerufen. Nach der Legende wurde einigen von ihnen vor ihrem Märtyrertod von Gott die Gnade gewährt, hilfreich vermitteln zu dürfen, wenn sie von Gläubigen um ihre Fürbitte gebeten würden. Diese 14 Heiligen stammen alle aus dem zweiten bis vierten Jahrhundert, der Zeit des Römischen Reiches, und erlitten mit Ausnahme des heiligen Ägidius (St. Gilles) den Märtyrertod. Bei ihrer Darstellung gehört meist auch die Gottesmutter in ihrer Eigenschaft als Königin der Märtyrer dazu. Ihre Verehrung nahm besonders zu Zeiten der Pest im 13. und 14. Jahrhundert zu – ein Zeichen der Hilflosigkeit der Menschen angesichts der allgegenwärtigen Bedrohung von Leib und Leben durch eine Seuche, die sie nicht erklären konnten und gegen die es kein Heilmittel gab. So blieb als Zuflucht und Trost allein die Anrufung der heiligen Nothelfer. Ihre Zahl 14 blieb zwar durch die Jahrhunderte gleich, aber regional kam es immer wieder durch Austauschen zu Veränderungen der Liste. Je nach örtlicher Gegebenheit findet sich der Heilige Nikolaus anstelle des Erasmus oder des Achatius. Statt des Heiligen Dionysius erscheinen Papst Sixtus II. oder der Heilige Leonhard, gelegentlich auch Rochus von Montpellier statt Ägidius oder Cyriacus.
Das Nothelfer-Fenster im Chor des Domes zu Regensburg aus dem 13. Jahrhundert ist wohl die älteste Darstellung dieses Themas. Das Zentrum der Verehrung liegt in der Wallfahrtskirche Vierzehnheiligen in Oberfranken mit ihrem Nothelferaltar. Es ist die Stelle, wo der Legende nach dem Schäfer der nahegelegenen Zisterzienserabtei in den Jahren 1445 und 1446 vierzehn Personen erschienen, die sich als die „Vierzehn Nothelfer" zu erkennen gaben und ihm die Errichtung einer Kapelle an diesem Ort auftrugen. Diese wurde durch das Kloster errichtet und an der gleichen Stelle, als Nachfolgebau, steht heute die berühmte, von Balthasar Neumann entworfene Wallfahrtskirche „Vierzehnheiligen".
Von dort aus verbreitete sich der Kult über den gesamten deutschen Sprachraum sowie nach Italien, Schweden, Ungarn und auch nach Frankreich. So sehen wir die Gruppe heute in Stein gemeißelt auch entlang der Rue Ste. Catherine in Hombourg-Haut oder als farbige Holzskulpturen in St. Rufus, Niedaltdorf.

On regroupe sous cette appellation quatorze saints. Ils sont réputés pour l'aide qu'ils peuvent apporter à toute personne qui les invoque dans des situations de souffrance. Ils ont tous un domaine de compétence bien défini. La grâce d'intercéder en faveur des croyants leur aurait été accordée par Dieu.
La dévotion envers les quatorze intercesseurs a atteint un point culminant au XIVe siècle quand de terribles fléaux décimèrent les populations européennes. Quel autre recours que l'invocation des saints restait-il à une humanité désemparée face à des phénomènes inexplicables, comme la peste, qui semaient la mort sans considération de l'âge, du sexe et de la condition des victimes ?
Le nombre des saints secourables est resté constant au cours des siècles. Le centre du culte se trouve en Franconie. L'Enfant Jésus y serait apparu trois fois à un pâtre. La dernière fois, l'Enfant était entouré des quatorze intercesseurs qui auraient missionné le berger de faire édifier une chapelle à l'emplacement des apparitions. Les moines d'un monastère voisin s'empressèrent d'exécuter cet ordre et à partir de 1743, Balthazar Neumann édifia, en lieu et place de cet oratoire, une magnifique église baroque.
Très tôt, ce sanctuaire de pèlerinage devint l'épicentre d'une dévotion envers les saints auxiliaires qui rayonna bien au-delà des pays germanophones. Leurs statues qui jalonnent la rue Sainte-Catherine à Hombourg-Haut attestent la vitalité persistante d'une dévotion qui a traversé les siècles.

Die Vierzehn Nothelfer von Hombourg-Haut

À Hombourg-Haut la vénération de ces saints est antérieure à la guerre de Trente Ans, car la tradition orale rapporte que les sculptures furent décapitées par les Suédois vers 1636. Durant la Révolution de 1789, les statues furent cette fois encore victimes des iconoclastes, renversées et culbutées au bas de la butte hombourgeoise.
Elles y restèrent dans cet état pendant un siècle environ, lorsque le curé de la paroisse décida vers 1900 de raviver l'antique coutume par la restauration des statues manquantes ou irrémédiablement mutilées.
Le travail fut confié à des tailleurs de pierre de la région, comme en témoigne leur facture grossière et fruste, au charme naïf. Les statues détruites pendant la Révolution étaient quant à elles des œuvres élaborées au XVIIIe siècle.
La plupart des statues ont été restaurées en 1983–1984 dans le respect du style originel du début du siècle.

Ein außergewöhnliches Beispiel für die Heiligenverehrung in unserer Region sind die 14 Nothelfer in Hombourg-Haut. Die Gemeinde Oberhomburg – auf Francique „Humrich" – nahe der Quelle der Nied Allemande bietet auf dem sogenannten Katharinenweg eine Fülle an alten Skulpturen dieser Heiligen. Lediglich die Skulptur des Heiligen Vitus ist verschollen.
Schon vor dem Dreißigjährigen Krieg wurden diese Heiligen verehrt, aber erst im 18. Jahrhundert erreichte dieser Kult seinen Höhepunkt.
In den Wirren der Französischen Revolution wurden etliche Statuen zerstört und einen Abhang hinabgestoßen, wo sie für lange Zeit liegen blieben. Erst seit dem Jahr 1898 wurde der alte Kult wiederbelebt. Die Skulpturen, die gefunden werden konnten, wurden restauriert, die fehlenden vom Steinmetz des Dorfes in naiver Weise neu geschaffen. Sein etwas unbeholfener Stil verleiht den Skulpturen einen eigenen Reiz. In den Jahren 1983/84 wurden die vorhandenen Statuen wieder stilgerecht restauriert.

Der Katharinenweg

Von besonderem Interesse für die Heiligenverehrung im Niedtal ist der in Hombourg-Haut von der Stephanskirche ausgehende Weg zur Katharinenkapelle, Rue Ste. Catherine, der mit seinen links und rechts vom Weg errichteten Heiligenskulpturen die Volksfrömmigkeit dieses Landstriches bezeugt. Hier werden die 14 Nothelfer oder Vierzehnheiligen, Saints Auxiliaires, dargestellt. Ursprünglich waren die Statuen der 14 Nothelfer entlang des Weges nach Hombourg-Bas, Niederhomburg, aufgestellt. Nach der Restaurierung fanden sie ihren heutigen Platz in der Rue Ste. Catherine.

Die Heilige Katharina im Giebelfeld des Portals der Katharinenkapelle

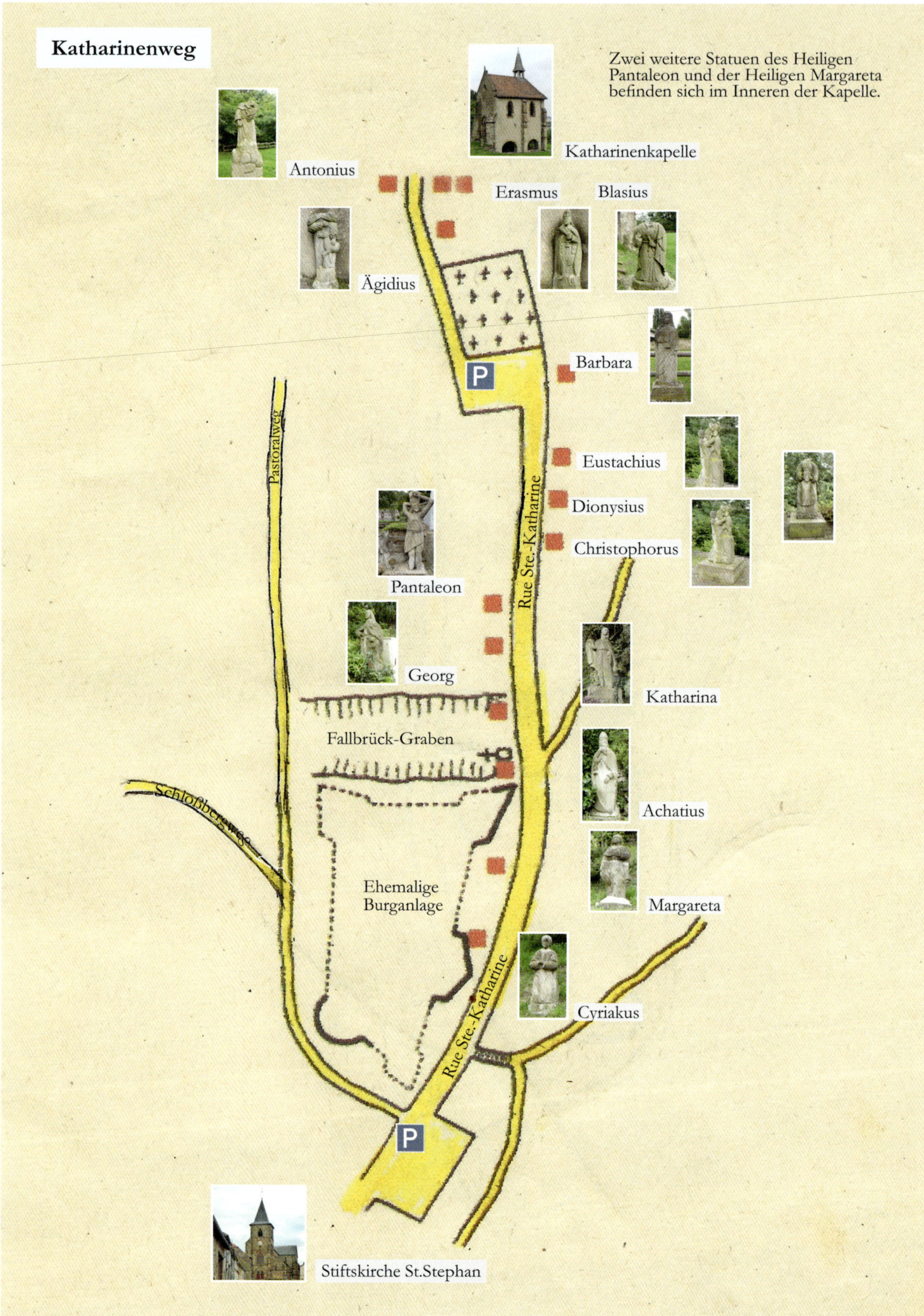
Katharinenweg
Zwei weitere Statuen des Heiligen Pantaleon und der Heiligen Margareta befinden sich im Inneren der Kapelle.
Katharinenkapelle
Antonius
Erasmus
Blasius
Ägidius
Barbara
Eustachius
Dionysius
Christophorus
Pantaleon
Georg
Katharina
Fallbrück-Graben
Achatius
Margareta
Ehemalige Burganlage
Cyriakus
Pastoralweg
Schloßbergweg
Rue Ste.-Katharine
Rue Ste.-Katharine
P
P
Stiftskirche St.Stephan

Die Katharinenkapelle

La chapelle Sainte-Catherine est située à l'extrémité d'un promontoire et se marie parfaitement avec le cadre champêtre environnant. Le temps semble s'y être arrêté et la vue porte loin sur la vallée. L'ancienne chapelle du château est bâtie en moellons et crépie à la chaux, son toit de tuiles rouges est surmonté d'une tourelle couverte de bardeaux. Les murs du joyau gothique sont percés de trois fenêtres en ogive. La beauté de la décoration qui s'épanouit dans l'élégance du porche, les chapiteaux et les clés de voûte, forme un contraste saisissant avec la rusticité du vieil édifice. Une représentation de la Vierge attire le regard tout comme sainte Catherine qu'on découvre dans le tympan du porche. La scène de sa décollation fait également partie du décor.
La statue de saint Pantaléon disparue depuis la Révolution a retrouvé sa place dans la chapelle.

Die Kapelle liegt in einer immer noch weitgehend unberührten ländlichen Umgebung am Fuße eines Hügels, von dem aus man einen Blick ins Tal auf Merlebach hat. Es handelt sich um ein kleines gotisches Gebäude aus Bruchsteinen, mit Kalkverputz, einem roten Ziegeldach und einem mit Schindeln gedeckten Türmchen. An der Süd- und der Ostseite werden die Mauern von je drei gotischen Spitzbogenfenstern durchbrochen. Ein Bildnis der Lieben Frau von Lourdes findet sich im Giebeldreieck. Im Giebelfeld des Portals ist die Heilige Katharina mit ihren Insignien dargestellt, daneben das Rad der Märtyrerin und ihre Enthauptung. Das Relief stammt wohl erst aus dem 18. Jahrhundert. Im Inneren der Kapelle steht die Statue des Heiligen Pantaleon. Sie war seit der Revolution verschwunden und wurde erst 1990 in einem privaten Garten wiedergefunden. Es handelt sich dabei um die Vorgängerversion der Skulptur, die heute an der Rue Ste. Catherine aufgestellt ist.

Die Katharinenkapelle in Hombourg-Haut

Die Pfarrkirche St. Stephan

Die Pfarrkirche, deren Altar dem Heiligen Stephan geweiht ist, reicht in ihren Ursprüngen bis ins 13. Jahrhundert zurück. Im linken Querschiff steht eine Skulptur des Heiligen Jakobus, was nicht überrascht, weil die Kirche eine offizielle Station auf dem Pilgerweg nach Santiago de Compostela ist. Gleich neben der Jakobus-Skulptur findet der Pilger einen Stempel zur Dokumentation in seinem Pilgerbuch.

Die Pfarrkirche St. Stephan in Hombourg-Haut

La collégiale, dont la construction a débuté à la fin du XIIIe siècle pour un chapitre de chanoines, est devenue église paroissiale en 1802. L'édifice de style gothique en grès des Vosges a la forme d'une croix latine. Son autel est dédié à saint Étienne. La collégiale est une étape officielle sur le chemin du pèlerinage de Saint-Jacques-de-Compostelle. Il n'est donc pas surprenant de trouver une statue de saint Jacques dans la partie gauche du transept. À côté de la statue est déposé un cachet à l'intention du pèlerin pour lui permettre d'assurer la documentation de son pèlerinage dans son « passeport », son carnet du pèlerin.

Stempel und Stempelkissen für die Pilger auf dem Weg nach Santiago de Compostela

Statue des Heiligen Jakobus in der Pfarrkirche

Der Heilige Antonius von Padua

Attribut Ein Buch in der Hand und/oder das Jesuskind auf dem Arm
Anrufung bei Fieber, Viehseuchen, Unfruchtbarkeit, für eine glückliche Entbindung, Hilfe bei der Partnersuche (Die Kirche bietet Single-Wallfahrten nach Padua an)
Patronat die Städte Hildesheim, Lissabon, Paderborn und Padua, für Bäcker, Bergleute, Sozialarbeiter, für das Wiederfinden verlorener Dinge, „Antoniusbrot" als Spende für Notleidende
Gedenktag 13. Juni

Saint Antoine de Padoue
Ses attributs Un livre à la main et/ou il porte l'Enfant Jésus sur le bras
Invocation En cas de fièvre, d'épizooties, de stérilité, d'accouchements, de recherche d'un bon conjoint
Patron des boulangers, des mineurs, des travailleurs sociaux, des pauvres. Il est supposé apporter son soutien à ceux qui cherchent un objet perdu
Fête 13 juin

Der Heilige Ägidius

Attribut Hirschkuh (Hindin), Benediktinerhabit
Anrufung durch stillende Mütter, gegen Epilepsie, Irrsinn, eheliche Unfruchtbarkeit, Dürre, Sturm
Patronat die Städte Edinburgh, Klagenfurt, Nürnberg, für Bettler, Bogenschützen, Hirten, Jäger, Krüppel
Gedenktag 1. September

Saint Égide ou Gilles l'Ermite
Ses attributs Une biche, habit de bénédictin
Invocation Mères qui allaitent leurs enfants, épilepsie, aliénation mentale, stérilité du couple, sécheresse, tempêtes
Patron des mendiants, des archers, des bergers, des chasseurs et des estropiés
Fête 1er septembre

Der Heilige Erasmus

Attribut auf Holzstab aufgerollter Darm
Anrufung gegen Bauchweh, Koliken, Geburtsschmerzen, Viehkrankheiten und Seuchen
Patronat für Seeleute, Drechsler, Gebärende, Haustiere
Gedenktag 3. Juni, früher 2. Juni

Saint Érasme
Ses attributs Un intestin enroulé sur une baguette
Invocation Coliques et maux de ventre, douleurs de l'enfantement, épidémies, maladies des animaux
Patron des marins, des tourneurs, des accouchées, des animaux domestiques
Fête 3 juin, autrefois le 2 juin

Der Heilige Blasius

Attribut gekreuzte Kerzen
Anrufung bei Angina, Husten, Kropf, Zahnweh
Patronat die Städte St. Blasien, Neapel, Braunschweig, für Ärzte, Bäcker, Maurer, Schneider, Weber, Wollhändler, Haustiere
Gedenktag 3. Februar

Saint Blaise
Ses attributs Deux cierges croisés
Invocation Angine, toux, goitre, mal de dents
Patron des médecins, des maçons, des tailleurs, des tisserands, des marchands de laine, des animaux domestiques
Fête 3 février

Die Heilige Barbara

Attribute Hostie und Kelch, Turm.
Anrufung bei Blitz, Gewitter, gegen Feuer und Explosionen, Fieber, Pest, gegen jähen Tod, für eine glückliche Sterbestunde
Patronat für Artillerie, Feuerwehr, Bergleute, Bauarbeiter, Geologen, Köche, Totengräber, „junge Jungfrauen", Gefangene, Untergrundbahn, Festungen und Türme
Gedenktag 4. Dezember (Barbaratag)

Sainte Barbe
Ses attributs Une hostie et un ciboire; une tour
Invocation Orage, foudre, incendie, explosions, fièvre, peste, contre une mort subite et pour une mort paisible
Patron des artilleurs, des sapeurs-pompiers, des mineurs, des ouvriers du bâtiment, des géologues, des cuisiniers, des fossoyeurs, des jeunes vierges et des prisonniers
Fête 4 décembre

Der Heilige Eustachius

Attribut Hirsch mit Kreuz, Jagdutensilien
Anrufung in schwierigen Lebenslagen, auch bei familiären Schicksalsschlägen und Trauerfällen, bei Glaubenszweifeln, Schutz vor Feuer
Patronat die Städte Paris und Madrid, ähnlich wie der Heilige Hubertus als Schutzpatron der Jäger, auch von Schützenbruderschaften und von Förstern
Gedenktag 20. September

Saint Eustache
Ses attributs Cerf avec une croix, équipement de chasseur
Invocation Épreuves de la vie et revers familiaux, deuils, protection contre le feu, manque de foi et de croyance religieuse
Patron des chasseurs, des associations de tireurs et des gardes forestiers
Fête 20 septembre

Der Heilige Dionysius

Attribut das abgeschlagene Haupt in den Händen
Anrufung bei Kopfweh, Tollwut, Glaubensnöten, gegen Besessenheit, in Kämpfen, bei denen man „den Kopf hinhalten muss"
Patronat Nationalheiliger Frankreichs, die Städte Paris und Krefeld, für die französischen Könige, für Schützen
Gedenktag 3. Oktober, auch 9. Oktober, oder als zweiter Gedenktag 4. Dezember

Saint Denis
Ses attributs Tient sa tête coupée dans les mains
Invocation Maux de tête, rage, manque de foi religieuse, obsession diabolique, durs combats comportant bien des risques
Patron de la France et des rois de France, des tireurs et de quelques villes
Fête 3 octobre. Alternativement 9 octobre ou 4 décembre

Der Heilige Christophorus

Attribute Jesuskind auf der Schulter, Stab
Anrufung bei Hochwasser, Unwetter, Hagelschlag, Hungersnot, in Notfällen (der Notarzt-Hubschrauber des ADAC nennt sich „Christoph")
Patronat die Städte Braunschweig, Hildesheim, Stuttgart, Würzburg, für Autofahrer, Piloten, Armbrust- und Bogenschützen, Buchbinder, Lastträger, Walker
Gedenktag 3. August

Saint Christophe
Ses attributs Il porte l'Enfant Jésus sur l'épaule ; un bâton
Invocation En cas d'inondations, de tempêtes, de grêle, de disette ou de famine et d'accidents
Patron des automobilistes, des pilotes, des arbalétriers et des archers, des relieurs, des portefaix et des fouleurs ainsi que de quelques villes allemandes
Fête 3 août

Der Heilige Pantaleon

Attribut an den Baumstamm genagelte Hände
Anrufung bei auszehrenden Krankheiten und Tuberkulose, Kopfschmerzen, Heuschreckenplage
Patronat die Stadt Köln, für Ärzte, Ammen, Haustiere
Gedenktag der 27. Juli

Saint Pantaléon
Ses attributs Les mains rivées par des clous à un tronc d'arbre
Invocation Consomption et dépérissement provoqués par une maladie grave, tuberculose, maux de tête et le fléau des nuées de sauterelles voraces qui s'abattent sur les champs
Patron des médecins, des nourrices, des animaux domestiques et de la ville de Cologne
Fête 27 juin

Der Heilige Georg

Attribut Ritter mit Schwert, als Reiter einen Drachen mit der Lanze durchstoßend
Anrufung für schönes Wetter, gegen die Macht des Satans, Kriegsgefahr und Unglück, Hauterkrankungen
Patronat die Länder England, Russland, Schweden, Georgien, für Büchsenmacher, Schützen, Soldaten, Haustiere
Gedenktag 23. April

Saint Georges
Ses attributs Chevalier ceint de son épée; chevalier terrassant un dragon
Invocation Mauvais temps persistant, menaces dues au pouvoir maléfique de Satan, guerres et malheurs, dartre
Patron des armuriers, des tireurs, des soldats, des animaux domestiques et de quelques pays
Fête 23 avril

Die Heilige Katharina

Attribute Schwert, Weltkugel, Märtyrerrad, Messinstrumente
Anrufung bei Migräne, Zungenkrankheiten, zur Auffindung Ertrunkener
Patronat für Schulen und Lehrer, Studenten, Anwälte, Redner, Notare, Buchdrucker, Töpfer, Schuhmacher
Gedenktag 25. November

Sainte Catherine
Ses attributs Épée, globe terrestre, roue du supplice, instruments de mesure
Invocation Migraines, maladies de la langue, recherche de naufragés et de noyés
Patronne des établissements scolaires et du corps enseignant, des étudiants, des avocats, des orateurs, des notaires, des imprimeurs, des potiers et des cordonniers
Fête 25 novembre

Der Heilige Achatius

Attribut im Bischofsornat, meist mit Dornenkranz, auch als Ritter
Anrufung bei schwerer Krankheit, Todesangst, Stärkung in Zweifeln
Patronat für Dachdecker, Holzfäller, Seeleute, Winzer.
Gedenktag 22. Juni

Saint Acace
Ses attributs En tenue d'évêque, coiffé d'habitude d'une couronne d'épines ou revêtu d'une armure de chevalier
Invocation Maladies graves, affres de la mort; risque de perte de la foi
Patron des couvreurs, des bûcherons, des marins et des vignerons
Fête 22 juin

Die Heilige Margareta

Attribute kleines Kreuz in der Hand,
einen Drachen an der Kette
Anrufung gegen Gesichtskrankheiten, Wunden,
Nierenkrankheiten, für Fruchtbarkeit
Patronat die Stadt Paris, für Ammen,
Bauern, Schwangere, Wöchnerinnen
Gedenktag 20. Juli

Sainte Marguerite
Ses attributs Tient une petite croix dans la main, un dragon enchaîné
Invocation Maladies du visage, plaies, maladies rénales, infécondité
Patronne des nourrices, des agriculteurs, des femmes enceintes, des femmes en couches et accouchées
Fête 20 juillet

Der Heilige Cyriakus

Attribut Diakongewand.
Anrufung Schutz vor Frost und
schlechtem Wetter, gegen Besessenheit,
gegen Anfechtungen und böse Geister.
Patronat für Winzer, Zwangsarbeiter,
Gedenktag 8. August.

Saint Cyriaque
Ses attributs En tenue de diacre.
Invocation Gel et mauvais temps persistant, obsession diabolique, tentations de l'esprit malin.
Patron des vignerons, des travailleurs forcés et des forçats.
Fête 8 août.

Zur Einprägung der Heiligen und ihrer Attribute gibt es einen volkstümlichen Merkspruch:

„Margaretha mit dem Wurm,
Barbara mit dem Turm,
Katharina mit dem Radl,
das sind die drei heiligen Madl.“

Barbara Katharina Cyriacus Margaretha Eustachius Vitus Christophorus

Besondere Beachtung verdient die Darstellung der Vierzehn Nothelfer im rechten Seitenschiff dieser Kirche. Sie sind Teil der sehr qualitätvollen einheitlichen Ausstattung aus dem 19. Jahrhunderts.
Im Gegensatz zu den deutlich älteren Skulpturen in Hombourg-Haut sind sie hier innerhalb des Kirchenschiffes auf relativ engem Raum als Skulpturengruppe zusammengefasst. Der geschützte Standort hebt einen weiteren wesentlichen Unterschied hervor, nämlich die prächtige Farbigkeit der Figuren. Ihre Einheitlichkeit ist der gleichen Entstehungszeit und dem gemeinsamen neugotischen Stil geschuldet.
Die Gruppe ist nicht nur vollzählig – einschließlich des Heiligen Vitus, der in Oberhomburg fehlt – es hat sich sogar noch eine Heilige dazugesellt. Über dem Nebenaltar steht die Gottesmutter mit dem Kind. Man ist geneigt, sie als fünfzehnte der Vierzehn Heiligen zu sehen. Dieser Impuls wird dadurch verstärkt, dass die Skulptur die gleiche Größe, den gleichen Stil, die gleiche Farbigkeit hat wie die anderen. Bei ihr beeindruckt die Farbe noch etwas stärker und ihre Krone scheint ein bisschen größer zu sein als die der drei Frauen unter den Märtyrern Katharina, Margaretha und Barbara, was durchaus dem Grad der Verehrung durch die katholischen Christen entspricht. Weltweit ist es wohl die Gottesmutter, an die sich die meisten Menschen mit der Bitte um Fürsprache wenden.

Die Gottesmutter als Königin der Märtyrer,
hier zwischen den Heiligen Katharina und Cyriacus

St. Rufus, Niedaltdorf

Ägidius Pantaleon Georg Cyriacus Achatius Erasmus Blasius

Die Vierzehn Nothelfer nach der „Regensburger Normalreihe"

St. Georg: Ritter mit Drachen und Schwert – gegen Viehseuchen
St. Blasius: heilte ein Kind, das eine Gräte verschluckt hatte – gegen Halsleiden
St. Erasmus: mit einem auf Holz gewickelten Darm als Marterzeichen – gegen Leibschmerzen
St. Pantaleon: mit Arzneifläschchen und Uringlas – Patron der Ärzte
St. Veit, heilte den besessenen Sohn des Kaisers Diocletian – gegen Epilepsie
St. Christophorus: das Christuskind auf seiner Schulter tragend – Patron der Autofahrer
St. Dionysius: sein Haupt in den Händen haltend – gegen Kopfschmerzen
St. Cyriakus: mit gefesseltem Drachen und Jungfrau – gegen böse Geister
St. Achatius: mit Dornenzweig – gegen Todesangst und Zweifel
St. Eustachius: mit Kruzifix im Hirschgeweih – in Trauerfällen
St. Ägidius: als Abt mit Hirschkuh – gegen Unfruchtbarkeit, Dürre
St. Margareta: mit dem Drachen – Patronin der Gebärenden
St. Barbara: mit Kelch und Hostie – Patronin der Bergleute
St. Katharina: mit Buch, Schwert, Palme oder Krone – gegen Leiden der Zunge

In der Kapelle St. Hubertus in Heckling gibt es eine große Zahl von Heiligen-Skulpturen, die den Nothelfern in Niedaltdorf im Stil sehr ähnlich sind.

L'église Saint-Hubert de Heckling possède un nombre impressionnant de statues de saints dont le style s'apparente de près à celui des saints auxiliaires de Niedaltdorf.

St. Willibrord

Ausschnitt aus Alfred Gottwalds Flügelaltar in der Siersdorfer St. Willibrord-Kapelle

Willibrord wurde 658 als Sohn eines frommen Engländers geboren.
Er wurde zunächst im englischen Benediktinerkloster Ripon erzogen.
Da die Mönche damals glaubten, dem Himmel um so näher zu sein, je weiter sie von ihrer Heimat entfernt seien, begab Willibrord sich auf Wanderschaft nach Irland, wo er im Kloster Rathmelsigi (später Melfont) Aufnahme fand.
Dieses Kloster hatte es sich zur Aufgabe gemacht, Friesland zu missionieren. Also machte sich Willibrord mit 11 Gefährten im Jahre 690 auf den Weg zum Festland. Zunächst erbat er sich in Rom vom Papst den Segen (und zahlreiche Reliquien) für eine erfolgreiche Missionstätigkeit. Bei seiner Arbeit war er mit Unterstützung der fränkischen Herrscher so erfolgreich, dass er schon bald zum Bischof mit Sitz in Utrecht ernannt wurde.
Er erhielt Schenkungen von den Mächtigen, unter anderem Grund und Boden in Echternach, wo er daraufhin ein Kloster gründete. Dieses Kloster war Stützpunkt für die Verbreitung des christlichen Glaubens auch in unserer Region. Willibrord starb 738 in Echternach und wurde dort begraben. Sein Sarkophag befindet sich heute in der ihm geweihten Echternacher Basilika.
Jedes Jahr am Dienstag nach Pfingsten findet zu Ehren des Heiligen die berühmte Echternacher Springprozession statt, die Procession Dansante, bei der die Teilnehmer zu Polkamelodien durch die Straßen der Stadt „springen“.
Der Heilige Willibrord wird vor allem um Heilung von Epilepsie und Krämpfen angerufen. Der krampfartig zurückgebeugte Kopf und die verdrehten Augen des Kindes auf der Siersdorfer Altartafel mögen dies andeuten.
Auf dem Gemälde sind auch ein Weinfass und ein Weinkrug abgebildet. Sie erinnern an die zahlreichen Wunder mit einer nie versiegenden Weinflasche, die ihm zugeschrieben werden.

St. Martin

Sankt Martin ritt mit leichtem Mut, sein Mantel deckt' ihn warm und gut.
Im Schnee da saß ein armer Mann, hatt' Kleider nicht, hatt' Lumpen an.
O helft mir doch in meiner Not, sonst ist der bittre Frost mein Tod!
Sankt Martin zog die Zügel an, sein Ross stand still beim armen Mann.
Sankt Martin mit dem Schwerte teilt' den warmen Mantel unverweilt.

Holzskulptur des Heiligen Martin im Eingang des Siersburger Altenheimes

So singen die Kinder seit dem 19. Jahrhundert am 11. November, dem Martinstag, und so soll sich der römische Legionär Martin auch im 4. Jahrhundert in Amiens verhalten haben. Nach seinem Dienst in der römischen Armee wurde er zu einem „Soldaten Christi". Er gründete eine Abtei bei Poitiers, möglicherweise das erste Kloster des Abendlandes. Bei der Landbevölkerung war er wegen seines sozialen Engagements sehr beliebt.
Als er dann im Jahre 371 vom Volk zum Bischof von Tours proklamiert wurde, wollte er das Amt zunächst nicht annehmen. Er versteckte sich in einem Gänsestall, doch das Federvieh verriet ihn durch lautes Geschnatter.
Martin starb hochbetagt in seiner Bischofsstadt Tours und schon am Tag seiner Beerdigung, am 11. November 397, wurde er von seinen Anhängern als Heiliger angesehen. Der erste getaufte Frankenkönig Chlodwig ernannte ihn zum Nationalpatron aller Franken.

St. Nabor

Der Heilige Nabor an der Gedenkhalle auf dem Amerikanischen Soldatenfriedhof in Sankt Avold

Nabor war römischer Soldat in Afrika. Er wurde um 304 wegen seiner Treue zum christlichen Glauben bei Mailand enthauptet.
Im Jahre 704 erhielt Bischof Chrodegang von Metz in Rom die Reliquien des Märtyrers und brachte sie in die Kirche des Heiligen Hilarius an der Nied. Die Abtei und der dazugehörige Ort erhielten daraufhin den Namen St. Nabor. Der französische Name des Ortes Saint-Nabor wurde mit der Zeit zu Saint-Avold; die Einwohner aber nennen sich weiterhin „les Naboriens".
St. Nabor gilt als Schutzpatron gegen Krankheiten. Sein Gedenktag ist der 12. Juli.

D’autres grands saints

Saint Willibrord naît vers 657 dans le royaume de Northumbrie. En 690, il est envoyé en Frise, avec pour mission d’évangéliser la population. Willibrord est le premier évêque d’Utrecht, l’apôtre des Pays-Bas et le patron du Grand-Duché de Luxembourg. Il meurt en 738 à Echternach où il repose dans la crypte de la basilique qui porte son nom. Le saint patron des enfants épileptiques est fêté le 7 novembre. De fervents pèlerins honorent sa mémoire le mardi de Pentecôte par une procession dansante.
Saint Martin naît en 316 en Pannonie de parents païens. Il est enrôlé dans l’armée romaine à 15 ans. Après avoir quitté l’armée, Martin se fait baptiser à Amiens où il partage son manteau avec un miséreux. L’homme généreux devient évêque de Tours vers 370 et fonde de nombreux monastères parmi lesquels figure l’abbaye de Ligugé, premier monastère d’Occident, situé dans la Vienne. Martin meurt en 397 et est enterré à Tours trois jours plus tard. La fête par laquelle on honore la mémoire de ce saint très populaire du 11 novembre donne lieu partout à des défilés aux lampions pour enfants.
Saint Nabor était un officier romain, lui aussi. Originaire d’Afrique du Nord, il témoigne de sa foi en Jésus Christ par sa mort en martyr en 303. Saint Chrodegand, évêque de Metz, reçoit ses reliques des mains du pape en récompense de ses services. Il les confie en 763 à un couvent situé au bord de la Nied. Ce couvent et le bourg alentour prennent le nom du saint que la prononciation populaire déforme au XVIe siècle en Saint-Avold. La paroisse célèbre la fête de saint Nabor tous les ans le dimanche suivant le 24 août.
Saint Nicolas est évêque de Myre au IIIe siècle. En temps de famine, il s’ingénie à procurer les vivres nécessaires à la population de son évêché. Il est aussi le grand ami des enfants. Nicolas meurt le 6 décembre 350. Vers 1087, des marchands emportent les saintes reliques de Myre à Bari en Italie. Là, une phalange de la main du saint est dérobée et rapportée en Lorraine. On y fait édifier la chapelle Saint-Nicolas-de-Port et le saint devient le patron de la Lorraine. Il est également le patron des marins.
Saint Léon IX naît à Eguisheim-Dagsburg. Nommé pape par l’empereur, il n’accepte cette charge qu’après son élection par le peuple de Rome. Il parcourt l’Occident pour lutter contre les abus de la simonie qui permet d’acheter les charges ecclésiastiques et monastiques. Il visite plusieurs fois notre région (Bouzonville, Saint-Rabas). Sa fête est célébrée le 19 avril. Il est vénéré notamment par les organistes dont il est le patron.
Saint Vincent de Paul naît en 1581 à Pouy, aujourd’hui Saint-Vincent-de-Paul. Après son ordination, le jeune prêtre décide de mettre son ministère au service des pauvres. Cette mission l’amène à créer l’Ordre des Filles de la Charité, vêtues en paysannes, et l’Œuvre des Enfants Trouvés. Il est représenté portant un enfant. Patron de tous les instituts de charité, il est fêté le 27 septembre.
Sainte Oranne et son frère saint Wendelin, originaires d’Irlande, évangélisent notre région au VIIe siècle. Oranne s’établit à Berus, Wendelin à Tholey. On implore le secours de la sainte pour être guéri des maladies de la tête, des oreilles et du vertige. Elle est la protectrice de la population limitrophe sarro-lorraine. Oranne est invoquée par les jeunes femmes en quête d’un mari. On célèbre sa fête le 15 septembre.
Sainte Jeanne d’Arc, dite la Pucelle d’Orléans, voit le jour en 1412 à Domrémy pendant la guerre de Cent Ans. Elle entend à 13 ans des voix célestes qui lui enjoignent de bouter les Anglais hors de France. La Pucelle joue un rôle décisif dans la libération d’Orléans et fait sacrer roi le dauphin Charles à Reims, mais elle échoue devant Paris. Capturée à Compiègne, Jeanne meurt sur le bûcher en 1431 brûlée vive comme hérétique et relapse. En 1456, elle est réhabilitée et élevée au rang de martyre. Elle est canonisée en 1920. Sa fête est célébrée le deuxième dimanche de mai.

St. Nikolaus

Nikolaus war Bischof der antiken Hafenstadt Myra, heute Demre an der türkischen Riviera. Er starb am 6. Dezember – nach julianischem Kalender um 350 – in seiner Bischofsstadt. Über seinem Grab wurde eine byzantinische Basilika errichtet. Als die Türken im 11. Jahrhundert diesen Teil des oströmischen Reiches eroberten, brachte man seine Gebeine nach Bari in Süditalien in Sicherheit. Zum Zentrum der Nikolaus-verehrung in Lothringen wurde Saint-Nicolas-de-Port, wohin ein Kreuzritter ein nicht ganz legal erworbenes Fingerglied von Nikolaus aus Bari mitgebracht hatte. So wurde Nikolaus zum Landespatron Lothringens. Zahlreich sind die Legenden seiner Wohltaten.

Skulptur des Heiligen Nikolaus
in der Rehlinger Kirche

Sandstein-Figur des Heiligen
auf einem Brunnen in Rehlingen

Besonders als Kinderfreund tat er sich hervor. Er wird häufig als Bischof mit Kindern im Pökelfass dargestellt. Diese waren von einem satanischen Metzger in Salzlake ertränkt worden, aber Nikolaus erweckte sie wieder zum Leben.
Am Vorabend des Nikolaustages, dem 6. Dezember, bringt er noch heute den braven Kindern Süßigkeiten und Geschenke.
In seiner lykischen Heimat soll Nikolaus viele Seeleute aus Seenot gerettet haben, weswegen er auch zum Patron der Fluss-Schiffer (zum Beispiel in Rehlingen) geworden ist.

St. Léon, Papst Leo IX.

Bruno Graf von Egisheim-Dagsburg wurde am 21. Juni 1002 auf der Wahlenburg in dem Vogesen-Ort Egisheim geboren. Er war der Sohn des Grafen Hugo VI. und dessen Ehefrau Heilwig, die aus dem lothringischen Dagsburg stammte. Die Familie war mit dem salischen Kaiserhaus verwandt. Schon im Alter von fünf Jahren wurde Bruno dem Bischof Berthold von Toul zur Erziehung an der Domschule übergeben. Nach dem Tod seines väterlichen Erziehers wurde er an den Hof König Konrads II. (1024–1039) berufen und im Alter von nur 24 Jahren zum Bischof von Toul gewählt.

Kirchenfenster der Kapelle Saint-Rabas mit Darstellung des Heiligen Leo während seines Besuches in Rabas

1049 wurde Bruno nach kanonischem Recht durch den römischen Klerus und durch Akklamation des Volkes zum Papst gewählt. Er nahm den Papstnamen Leo an und entwickelte sich zum eifrigen Reformer und zum Kämpfer gegen die Laieninvestitur, die Priesterehe und die Simonie, den Ämterkauf, zu einem der bedeutendsten Päpste des Mittelalters.
Ausgedehnte Reisen, insbesondere in das Gebiet nördlich der Alpen, führten ihn auch in unsere Region. Auf dem Weg von Metz nach Bouzonville weihte er am 13. Oktober 1049 in Rabas die von Karl dem Großen dort gegründete Kirche. Danach machte er mit seinem Gefolge Rast in Bouzonville. Er gab der Abtei seinen apostolischen Segen, bestätigte die Konsekration der Abteikirche Sainte-Croix und verehrte die Kreuzreliquie.
Beim Versuch, mit Hilfe Ostroms und mit einem eigenen Heer die Normannen aus Süditalien zu vertreiben, erlitt Leo in der Schlacht von Civitate in Apulien (1053) eine Niederlage und wurde gefangen genommen. Bald nachdem er schwer krank freigelassen worden war, starb er am 19. April 1054 in Rom.
Papst Leo IX. wurde später heiliggesprochen. Er ist der Patron der Musiker, besonders der Organisten. Sein Gedenktag ist der 19. April. Reliquien von ihm befinden sich im Petersdom, in seiner Heimatgemeinde Eguisheim sowie in der St.-Leo-Kapelle in Dabo (Dagsburg).

St. Vinzenz von Paul

Vinzenz von Paul wurde 1581 als Bauernsohn in der Gemeinde Pouy, die heute den Namen Saint-Vincent-de-Paul trägt, geboren. Er ist der Schutzpatron des Ordens der Barmherzigen Schwestern vom Hl. Vinzenz von Paul, der „Vinzentinerinnen", und gilt als Begründer der neuzeitlichen Caritas. Vinzenz wurde schon mit 19 Jahren zum Priester geweiht und führte zunächst ein auf Gelderwerb ausgerichtetes, abenteuerliches Leben, das ihn, nachdem er von Seeräubern gefangen genommen worden war, bis in die Sklaverei nach Tunis führte.

Skulptur des Heiligen auf dem Platz vor der Seniorenresidenz Sainte-Croix in Bouzonville

Nach gelungener Flucht wirkte er als Priester in Paris und erlebte dort eine innere Wandlung. Sein Leben wurde während seiner seelsorgerischen Tätigkeit in Paris geprägt durch den Umgang mit den Ärmsten der Gesellschaft, für die er sich hingebungsvoll einsetzte.

Er gründete die erste Confrérie des Dames de la Charité, die „Bruderschaft der Damen der christlichen Liebe", aus der die Vinzentinerinnen, aber auch die Missionarinnen der Nächstenliebe der Mutter Teresa hervorgingen. Die Vinzentinerinnen sind heute mit 24.000 Mitgliedern die größte katholische Frauengemeinschaft, in deren Trägerschaft sich vor allem Kranken- und Waisenhäuser finden. In Bouzonville, neben der Abteikirche, steht eine überlebensgroße Bronzeskulptur des Heiligen vor dem Eingang der Seniorenresidenz Sainte-Croix.

St. Oranna

Im Niedtal genießt die Heilige Oranna ganz besondere Verehrung. Nach der Überlieferung hat sie sich im 7. Jahrhundert gemeinsam mit ihrem Bruder St. Wendelin in der Saargegend als Missionarin betätigt. In der Nähe von Berus soll sie zusammen mit einer Magd in einer Waldhütte gelebt haben.
Sie ist auf Ohrenleiden spezialisiert. Aber auch ledige Frauen bitten die Heilige um Hilfe bei der Suche nach einem geeigneten Mann. Natürlich soll er kein Säufer, aber möglichst auch keiner mit einem roten Bart sein.
Die Hintergründe schildert J. L. Kieffer im heimatlichen Dialekt, der mosel-fränkischen Sprache, die noch beiderseits der Grenze gesprochen wird:

Von der Oranna-Wallfahrtskapelle, die zwischen Berus und Berviller-en-Moselle liegt, hat man einen weiten Blick über das Niedtal.

Et Oranna un sei Brouder Wendelin woren von Irland. Et Oranna hot nur Gott ém Kopp. Do és et mét seim Brouder Wendelin un sein Maad Cyrilla iwwert Meer bés in den Béschtum Trier komm. Der Wendel wor en Zeitlang én „Vorweller“ als Schweinehiert, späder wor er och Abt von Tholey.
Et Oranna un et Cyrilla hann sich bei „Beres“, do wo fréijer et Duerf „Eschweiler“ gestann hott, en Haischen métten em Wald gebaut. De zwei Fraaen hann de Kranken geheelt, hann den Leiden geholf, se woren en Beispill von Frommheet un Guttheet.
Mol hat sich en fränkischrer Ritter im Wald verrannt. Noo drei Daa ohne ze essen un ze drénken és er an em Oranna sein Haischen komm. Et Oranna hat em Brout un Kouchen brénge lossen un Wasser aus em Borren. Et Oranna hat von usem Herrgott geschwätzt, awwer der Ritter hat iwwerhaupt nét ofgepaast. Do hat et gemeerckt, datt er daaf wor. Et Oranna hat gebeet, bés em Ritter sein Ohren ofgang sén. Un seitdem kommen zou Oranna déi wo nét gutt hieren oder daaf sén. So is aus Oranna och et „Ohr-Anna“ génn.
Noo seinem Dout sén de Leit von der ganz Gejend of em Oranna sein Grawt piljern komm. Haut kommen déi Mälen von da ganzen Kant, wo keen Männer fénnen un wo sich so geer gätten heiraten. Von „Beres“ gehen se ze fouss bés of „Doran“. Un iwwer weg beet dat änt un dat annert:

Heilig Orann, bescheer mer en Mann
Keen Säffer, keen Schmesser,
Keenen mét em rouden Baart
Déi sén net von gutter Aart!

Die Heilige Johanna von Orléans – Jeanne d'Arc

Ihr Denkmal als große Nationalheilige findet sich in fast allen französischen Gemeinden an prominenter Stelle. Vermutlich wurde sie am 6. Januar 1412 in Domrémy/Lothringen geboren und starb am 30. Mai 1431 in Rouen. Im deutschen Sprachraum wird sie auch „die Jungfrau von Orléans" genannt.
Jeanne d'Arc ist unter den hier erwähnten Heiligen eine der wenigen, für die es gesicherte historische Belege gibt. Wenn auch ihr Geburtsdatum nicht sicher dokumentiert ist, so sind die späteren wichtigen Stationen ihres Lebens durch Quellen gut belegt. Sie wurde in der zweiten Hälfte des Hundertjährigen Krieges zwischen Frankreich und England in eine reiche Bauernfamilie geboren und hatte mehrere Geschwister.
Seit ihrem 13. Lebensjahr hatte Jeanne Visionen, in denen ihr die Heilige Katharina, später der Erzengel Michael und die Heilige Margaretha erschienen. Von ihnen erhielt sie den Auftrag, Frankreich von den Engländern zu befreien und den Dauphin zum Thron zu führen.
Sie verließ das Elternhaus und es gelang ihr tatsächlich, vom Dauphin empfangen zu werden und ihn von ihrer Sendung zu überzeugen. Der Kronrat ließ für sie eine Rüstung anfertigen und stellte ihr eine kleine militärische Einheit zur Verfügung. In Rüstung und zu Pferd führte sie ihre Truppe an und obwohl sie durch einen Pfeil verletzt wurde, führte sie den Kampf fort und beeindruckte ihre Männer durch ihren Mut.
Unter ihrer Führung gelang es dem französischen Heer, die Engländer aus allen befestigten Plätzen südlich der Loire zu vertreiben, und am 17. Juli 1429 wurde der Dauphin in Reims als Karl VII. zum König gekrönt.
Das Schicksal wendete sich, als sie Opfer der Intrigen der königlichen Ratgeber wurde und der Versuch, Paris zu befreien, scheiterte. Sie fiel in Ungnade, wurde gefangen genommen und der katholischen Gerichtsbarkeit in Rouen unterstellt.
Nach einem dreimonatigen Prozess wegen „ihres Aberglaubens, ihrer Irrlehren und anderer Verbrechen gegen die göttliche Majestät" verurteilte sie das Gericht zu lebenslanger Haft, in einem zweiten Prozess dann als unbelehrbare Ketzerin zum Tode auf dem Scheiterhaufen.

> Der Prozess gegen Johanna wurde vom Bischof von Beauvais, Pierre Cauchon, mit Unterstützung etlicher dialektisch und rhetorisch geschulter Geistlicher gegen das einfache Bauernmädchen geführt, das ohne juristischen Beistand blieb. Dennoch konnte sie die inquisitorischen Fangfragen gut parieren:
> Frage: „*Johanna seid ihr gewiss, im Stande der Gnade zu sein?*"
> Antwort: „*Wenn ich es nicht bin, möge mich Gott dahin bringen. Wenn ich es bin, möge mich Gott darin erhalten.*"
> Hätte sie nämlich behauptet, im Stande der Gnade zu sein, wäre das als ketzerische Anmaßung ausgelegt worden, hätte sie es geleugnet, so hätte sie ihre Schuld zugegeben.

Sie wurde am 30. Mai 1431 öffentlich bei lebendigem Leibe verbrannt. Ihre Asche streute man in die Seine, um eine Verehrung ihrer Begräbnisstätte zu verhindern. 24 Jahre später strengte ihre Mutter ein neues Verfahren an, in dem Jeanne d'Arc vollständig rehabilitiert wurde. Nachdem sie als Märtyrerin anerkannt war, erfolgte 1920 ihre Heiligsprechung.

Es gibt kaum ein Dorf auf der französischen Seite des Niedtales, in dem sich nicht eine Statue der Heiligen Johanna von Orléans, Jeanne d'Arc, findet.

IX

Spuren der Kriege

Traces de guerres

Kriege in unserer Region

Das Tal der Nied war immer auch Grenzland. Hin- und hergerissen zwischen Frankreich, Lothringen und Deutschland, erlebte es oft Kriege und Grausamkeiten. All diese zerstörerischen Ereignisse aus neuerer Zeit haben Spuren hinterlassen und sind eindrucksvoll nachzuvollziehen an zahlreichen Monumenten, die stets auch mit religiösen Symbolen versehen sind.

La vallée de la Nied a été de tout temps une région frontalière écartelée entre la France, la Lorraine et l'Allemagne. Elle a été souvent le théâtre de guerres et d'atrocités commises par les uns et les autres. Tous ces événements tragiques ont marqué la région durablement de leur empreinte et les nombreux monuments toujours enrichis de symboles religieux ont vocation à en perpétuer le souvenir.

Die Napoleonischen Kriege

Ein Wegekreuz in Biringen aus dem Jahre 1812, es steht in der Waldwieser Straße, erinnert an zwei Brüder der Familie Brettnacher, die sicher nicht ganz freiwillig in den Krieg Napoleons gegen Russland ziehen mussten. Das Kreuz schaute an seinem ursprünglichen Standort – es wurde später aus verkehrstechnischen Gründen versetzt – in Richtung Waldwiese, wohin die Brüder zuerst marschierten. Sie sollten ihre Heimat nie wieder sehen.

Erriget von
Peter Scherrer in
Kirchnaumen

O Ihr Alle
die hier vorüber am Wege
gehen betet und schauet im
Herzen ob ein Schmerz
Gröser als mein Schmerz
M D CCC X II

Wegekreuz in Biringen

Cette croix de chemin érigée à Biringen évoque le souvenir de deux fils de la famille Brettnacher qui ont fait la campagne de Russie en 1812, enrôlés dans la Grande Armée napoléonienne probablement malgré eux. Les deux frères ne devaient jamais revoir le pays et leurs proches.

Der Krieg 1870/1871

1870 führte ein Streit um die spanische Thronkandidatur zum Deutsch-Französischen Krieg. Der Krieg endete mit einer Niederlage Frankreichs und der Abtretung Elsass-Lothringens an das Deutsche Reich.
In Boulay (Bolchen) fand auf einem kleinen Hügel, der heute noch den Flurnamen „Husarenberg" trägt, eine Schlacht zwischen deutschen und französischen Einheiten statt. Sie rieben sich gegenseitig auf und ihre Gefallenen ruhen jetzt gemeinsam auf einem Ehrenfriedhof in Boulay.
Auch in Heckling (Bouzonville) erinnert ein Ehrengrab an Gefallene aus diesem Krieg.

La nouvelle est proclamée à Paris le 3 juillet 1870. Elle fait l'effet d'une bombe. Soutenu par le chancelier Bismarck, le prince Léopold de Hohenzollern s'est porté candidat au trône vacant d'Espagne. C'est inacceptable pour la France qui se croit menacée par la perspective d'un Allemand sur le trône de Charles Quint. Quelques jours plus tard, la fameuse dépêche d'Ems, savamment rédigée par Bismarck, qui avait pris soin de lui donner un ton provocateur et insolent, produit l'effet escompté par le chancelier et fournit à l'empereur Napoléon III, convaincu de la supériorité militaire de son pays, le prétexte d'une déclaration de guerre. Au cours de cette terrible guerre franco-allemande, une bataille a été livrée entre des unités combattantes des deux camps sur une petite colline près de Boulay. Cette butte s'appelle toujours la « Colline des hussards ». C'était une lutte à mort dont très peu de combattants ont réchappé. Les soldats tombés dans cet accrochage reposent depuis, unis dans la mort, au cimetière militaire de Boulay. Un autre monument aux morts a été érigé à Hecking en commémoration de cet affrontement sanglant.

Ehrenmal für die deutschen Gefallenen
auf dem Friedhof in Boulay

Ehrenmal für die französischen Gefallenen
auf dem Friedhof in Heckling

Der Erste Weltkrieg

Zahlreich sind die Erinnerungsstätten an den Ersten Weltkrieg, der in Frankreich auch „La Grande Guerre" genannt wird, heroisch die Sprache der Denkmäler. Ungeheure, bis dahin nicht geahnte Kriegsverluste forderten die Jahre 1914 bis 1918 von den Völkern. Deutschland hatte 1,8 Millionen Tote zu beklagen, Österreich 1,2 Millionen, Frankreich 1,3 Millionen, Russland 1,7 Millionen, England 900.000 (nach W. Hubatsch, 1966).

Ehrenmal für die Gefallenen des Ersten Weltkrieges in Niedaltdorf

Dankbar gedenkt Niedaltdorf seiner gefallenen Helden, die oft in fremder Erde ruhen:

Und wer den Tod im heiligen Kampfe fand,
ruht auch in fremder Erde im Vaterland

Nur wenige Kilometer hinter der jetzt nicht mehr erkennbaren Grenze auf französischem Boden gedenkt man ebenfalls seiner Gefallenen.

Denkmal für die Opfer des Krieges 1914-1918 in Colmen, bei dem ein Engel einen toten Soldaten behütet

Ce monument aux morts se trouve à seulement quelques kilomètres de la frontière à présent invisible sur le sol français. Il a été érigé par la commune de Colmen à la mémoire de ses fils tombés à la guerre de 1914–1918.
Un ange veille sur un soldat mort.

Der Zweite Weltkrieg

Nach dem Angriff der deutschen Wehrmacht auf Polen erklärte Frankreich, infolge seines Beistandspaktes mit Polen, Deutschland den Krieg. Trotzdem kam es an der deutsch-französischen Grenze zunächst nicht zu größeren Kampfhandlungen. In einer Art Sitzkrieg – die Franzosen sprechen von einem „drôle de guerre“, weil zunächst nichts passierte – belauerte man sich gegenseitig zwischen Maginot-Linie und Westwall.
Bei Späh- und Stoßtruppunternehmen fielen trotzdem bei Biringen die ersten Soldaten.
Am 10. Mai 1940 begann dann der eigentliche Westfeldzug. Denkmäler auf beiden Seiten der Grenze erinnern uns daran.

Après l'invasion de la Pologne par l'armée allemande le 1er septembre 1939, la France déclare la guerre à l'Allemagne nazie deux jours plus tard, à la suite de l'Angleterre, conformément à la formelle promesse d'aide que les deux puissances occidentales avaient faite à Varsovie. Mais, contrairement à ce que le peuple polonais espérait et attendait, il n'y eut, dans un premier temps, pas de combats d'envergure à l'Ouest. Bien au contraire, les combattants des deux camps ennemis se contentaient de se guetter mutuellement sept mois durant, période qu'on appelle en France la « drôle de guerre » et le « Sitzkrieg » en Allemagne, dénominations d'ailleurs pleinement justifiées. En effet, les uns étaient retranchés derrière la Ligne Maginot, leurs adversaires allemands derrière le « mur de l'Ouest » appelé communément la « Ligne Siegfried ».

Hier fiel
für Führer und Vaterland
Pionier Max Stockinger.

Gedenktafel für 6 Soldaten, die bei Späh- und Stoßtruppunternehmen der Aufkl. Abt. 179 Süd bei Biringen starben

Erst kürzlich wurde in Hemmersdorf das sogenannte Landthaler Kreuz restauriert. Es erinnert an zwei Soldaten, die am 9. Oktober 1939 an der Alten-König-Straße ums Leben kamen.
Nach der Evakuierung der „Roten Zone“ zu Kriegsbeginn war westlich von Hemmersdorf ein Minenfeld gelegt worden. Feldwebel Landthaler und der Gefreite Hoenig wurden auf einer Patrouille von einer dieser selbst gelegten Minen tödlich verletzt.
Ihre Kameraden von der 7. Kompanie errichteten ein hölzernes Kreuz für die beiden Gefallenen.

Kinder unter den zivilen Opfern

NICOLAS
SPEICHER
GEB. DEN 3. DEZEMBER
1928
VERUNGLÜCKT DURCH
MIENEN
AM 23. MÄRZ 1945
IM ALTER VON
16 JAHREN

GOTT GIBT IHM DIE
EWIGE RUHE
UND SEINEN KAMERADEN
RENE SCHNEIDER
UND J. PAUL BECK
14 UND 9 JAHRE ALT

Wegekreuz bei der Niedbrücke in Guinkirchen zum Gedenken an drei Kinder, die in den letzten Wochen des Zweiten Weltkrieges, nach Ende der Kriegshandlungen, direkt an der Niedbrücke beim Spielen durch eine Mine zu Tode kamen.

Dans les dernières semaines de la Seconde Guerre mondiale, après la fin des combats, trois enfants de 9, 14 et 16 ans de Guinkirchen ont sauté sur une mine en jouant tout près d'un pont qui enjambe la Nied.
Cette croix de chemin a été érigée à leur mémoire.

Das Lager Johannis Bannberg bei Bolchen

Das Lager Johannis Bannberg bei Bolchen war ursprünglich für die Soldaten des „Régiment de la Nied“ zur Sicherung der Maginot-Linie gebaut worden. Nach der Kapitulation Frankreichs und dem Angriff der Wehrmacht auf die Sowjetunion diente es als Durchgangslager für Kriegsgefangene aus dem Osten, überwiegend aus der Ukraine, die als Zwangsarbeiter eingesetzt werden sollten. Nach Angaben französischer Archive wurden zwischen 1941 und 1944 etwa 300.000 Gefangene in Viehwaggons nach Bolchen transportiert. Sie hatten auf der tagelangen Reise keinerlei Versorgung erhalten und kamen ausgehungert und dem Verdursten nahe am Bahnhof der Gemeinde an.

Der renovierte Bahnhof von Boulay – an die alte Funktion erinnert nichts mehr.

Vom Bahnhof aus mussten sie in das Lager Johannis Bannberg marschieren. Viele von ihnen schafften einen ersten Anstieg nicht. Sie wurden in einen Krankensaal verbracht, wo sie in aller Regel starben. Dem Saal gegenüber lag ein jüdischer Friedhof. Dieser wurde zerstört, der Platz diente fortan als Massengrab für etwa 3600 verstorbene Ukrainer. Die ukrainische Gemeinde von Boulay ließ nach dem Krieg hier einen Gedenkstein für die Opfer errichten.

Gedenkstein für die ukrainischen Opfer

Gedenkstätte Lager Johannis Bannberg

Im Lager selbst kam es durch Unterernährung, Misshandlungen und schwere Arbeit in den Gruben und Hütten der Umgebung zu einer erheblichen Zahl von Sterbefällen unter den Zwangsarbeitern. Nicht ohne Grund nannten die Gefangenen es das „Schwarze Lager“.
Im Rahmen einer Besichtigung durch eine französisch-sowjetische Kommission im Herbst 1945 wurden an dieser Stelle 204 Massengräber entdeckt mit jeweils zwischen 80 und 120 Opfern. Danach bemühte sich die ukrainische Gemeinde, den Ort zu einer Gedenkstätte zu machen. Allerdings wurde 1979/80 in Noyers Saint-Martin bei Paris ein sowjetischer Friedhof angelegt und die ukrainischen Opfer vom Ban Saint-Jean exhumiert und dorthin umgebettet.
Das Lager geriet in Vergessenheit.
Als aber im Jahr 2000 hier ein umstrittenes Industrieprojekt angesiedelt werden sollte, erinnerte man sich wieder an den Ort des Gedenkens. Eine Gesellschaft, AFU (association franco-ukrainienne), bemühte sich seitdem um die Wiederherstellung einer Gedenkstätte. Ein Gedenkstein, bestehend aus zwei Granit-Stelen, wurde aufgestellt, ein neuer Zugangsweg eingerichtet, Tafeln mit Erklärungen angebracht, so dass es im Juni 2014 zur feierlichen Eröffnung kommen konnte.
Das Areal des ehemaligen Lagers, in dem über 20.000 Zwangsarbeiter zu Tode kamen, ist wieder ein Ort der Erinnerung geworden.

Le camp du Ban Saint-Jean

Eröffnungsfeier der Gedenkstätte am 29. Juni 2014

Ce camp (commune de Denting, canton Boulay) était conçu comme camp de sûreté de la Ligne Maginot. Après l'annexion de la Moselle au Reich et l'invasion de l'Union Soviétique par Hitler, il va servir de plate-forme de transit pour les prisonniers de l'Est (surtout ukrainiens). Selon les archives officielles françaises, 300 000 prisonniers ont transité par ce camp entre fin 1941 et fin 1944. Mais le manque de nourriture et de soins entraîne une mortalité très élevée. Pour les prisonniers, c'est « *das schwarze Lager* », « le camp noir ».

À l'automne 1945, une commission franco-soviétique vient sur place, recense 204 fosses communes et dénombre entre 80 et 120 victimes par fosse. La communauté ukrainienne s'évertue à transformer le site en lieu de mémoire. Mais en 1979-1980, on décide la création d'une nécropole soviétique commune à Noyers Saint-Martin (Oise) et l'exhumation des victimes du Ban Saint-Jean.

Jusqu'en 2000, l'oubli tisse sa toile. Mais un projet industriel décrié sur le site provoque par ricochet la renaissance de ce lieu de mémoire. Une association (AFU : Association franco-ukrainienne) a œuvré pour la réhabilitaton du site entre-temps et une nouvelle stèle a été mise en place. On a aussi tracé un nouveau chemin d'accès au site.

Le Ban Saint-Jean qui n'était ni un camp d'extermination, ni un camp de travail mais un camp de transit, revit.

D'après Gabriel Becker

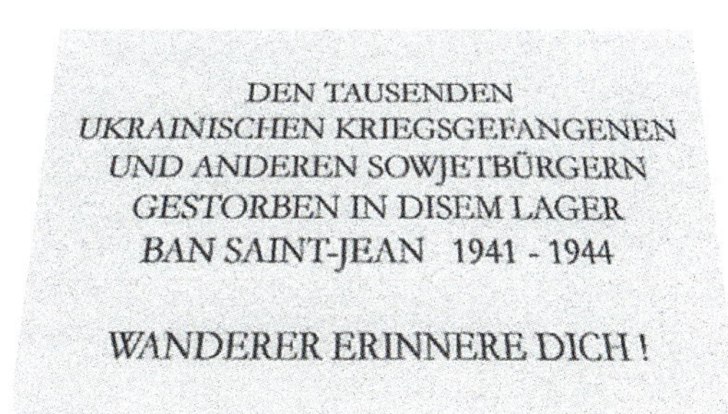

Hemmersdorf

Auch in Hemmersdorf gab es ein Zwangsarbeiterlager. Hier wurden russische Kriegsgefangene interniert. Sie mussten in einem Kalkwerk der Dillinger Hütte Sklavenarbeit verrichten.
Fünf von ihnen kamen dabei ums Leben. Drei starben im Kalkwerk, so erzählt man im Ort, zwei von ihnen wurden standrechtlich wegen Mundraubes erschossen – sie hatten sich ein paar abgefallene Äpfel in einer Wiese eingesteckt.
Ein Privatmann hat ihnen später einen einfachen, selbstbehauenen Grabstein mit dem russisch-orthodoxen Kreuz gesetzt.

Nach dem Einmarsch der Amerikaner wurde das Lager umfunktioniert. Statt der Zwangsarbeiter wurden hier jetzt Nazis und „andere unerwünschte" Personen inhaftiert. Das 1944/45 von einem amerikanischen Soldaten aufgenommene Foto zeigt einen zivilen Wachposten vor dem Eingangstor des ehemaligen „Stammlagers".

Un camp d'internement de travailleurs forcés se trouvait également à Hemmersdorf. Y étaient retenus en captivité des prisonniers de guerre russes qui devaient travailler comme chauliers dans une chaufournerie appartenant à l'aciérie de Dillingen. Cinq de ces chaufourniers perdirent la vie. Les villageois racontent que trois de ces malheureux périrent sur leur lieu de travail et deux autres furent fusillés pour avoir commis un larcin. Il ne s'agissait de rien d'autre que de quelques pommes qu'ils avaient ramassées dans un pré.
Un particulier, demeuré anonyme, a dressé plus tard une pierre tombale de facture simple et de sa propre fabrication à l'endroit où les victimes de ce scandaleux forfait reposent.
Avec l'arrivée des Américains, le camp changea d'affectation. C'était maintenant au tour de nazis et d'autres personnes indésirables d'y être internés.
Le cliché ci-dessus pris par un soldat américain montre un gardien civil devant l'entrée de l'ancien « stalag ».

Der Krieg in unserer unmittelbaren Nähe

Ein Zeugnis heftiger Kampfhandlungen in unserer unmittelbaren Nähe ist durch die Verleihung des „Silver Star", des Ordens der US-Streitkräfte für besondere Tapferkeit vor dem Feind, an den Gefreiten Joseph W. Napier aus Missouri dokumentiert. Er wurde von der U.S. Army für Tapferkeit vor dem Feind in der Nähe von „Itzbach, Germany" ausgezeichnet, weil er sich im Kampf Mann gegen Mann besonders hervorgetan und dadurch seinen Kameraden den Rückzug ermöglicht hatte. Bei diesem Gefecht verloren zwei deutsche Soldaten ihr Leben.

Als Folge des Zweiten Weltkrieges hatte der Ort Siersburg 175 Gefallene und elf zivile Opfer zu beklagen. Ihnen zum Gedächtnis und den Überlebenden zur Mahnung wurde ein Ehrenmal errichtet.

Ehrenmal in Siersburg für die Opfer des Zweiten Weltkrieges

La guerre nous rattrape

La commune de Siersburg a perdu 175 de ses fils restés sur les champs de bataille de la Seconde Guerre mondiale. Elle pleure également 11 victimes parmi la population civile. Le monument ci-dessus a été érigé pour honorer leur mémoire et pour perpétuer le souvenir de ces années terribles parmi les survivants et les jeunes générations.

Der amerikanische Militärfriedhof St. Avold

Nach der Invasion in der Normandie im Juni 1944 rückten die amerikanischen Truppen immer weiter nach Osten vor, bis es nach Überschreiten der Mosel in den ersten Novembertagen zur Offensive in Richtung Saar-Region kam. Unter verlustreichen Kämpfen versuchten deutsche Einheiten im Januar 1945 in der sogenannten Operation Nordwind die französischen und amerikanischen Truppen entlang der Saar aufzuhalten, wobei unzählige Opfer auf beiden Seiten zu beklagen waren.
Schon einige Wochen vor der deutschen Kapitulation wurde bei St. Avold von den Amerikanern ein vorläufiger Militärfriedhof angelegt.
Auf einer parkähnlichen Anlage mit sorgfältig gepflegtem Rasen und altem Baumbestand, abgeschirmt vom Straßenlärm, finden sich auf einer Fläche von fast 50 Hektar heute die Gräber von 10.487 gefallenen amerikanischen Soldaten.

Zentrales Gebäude ist das Mahnmal mit einer großen Figur des Heiligen Nabor an der Vorderseite. An den Seitenwänden sind die Namen von über 400 Vermissten eingraviert.

Le cimetière est dominé par un imposant monument aux morts dont la façade est ornée d'une grande sculpture de saint Nabor. Sur les côtés du mémorial sont gravés les noms de plus de 400 soldats américains disparus.

Cimetière militaire américain de Saint-Avold

Après le débarquement allié sur les côtes normandes en juin 1944, les forces allemandes se replièrent vers l'est devant l'avancée des troupes ennemies supérieures. Le franchissement de la Moselle, au début du mois de novembre, donna le signal d'une offensive qui ciblait notre région sur les rives de la Sarre. Ces combats étaient très violents et causèrent de grosses pertes dans les deux camps.
Au début de janvier 1945, des unités allemandes essayèrent d'enrayer l'avance des troupes alliées dans le cadre de l'opération Nordwind au bord de la Sarre et le sang coula de nouveau à flots.
Les Américains implantèrent un premier cimetière à titre provisoire à proximité de Saint-Avold quelques semaines avant la capitulation allemande. Le cimetière actuel qui occupe une surface d'environ 50 hectares comporte 10 487 tombes de soldats américains. Le site est entretenu de façon remarquable. Il impressionne le visiteur par son calme, ses belles pelouses toujours impeccablement tondues et ses vieux arbres.

Symbol für den ewigen Kampf um die Freiheit: König David, Kaiser Konstantin, König Arthur und George Washington stehen im Inneren des Denkmals zu beiden Seiten einer jugendlichen Figur.

Les rois David et Arthur, ainsi que l'empereur Constantin et George Washington qui symbolisent l'éternel combat pour la liberté encadrent la sculpture d'un jeune homme.

Vom Aussichtspunkt am östlichen Ende des Friedhofs überschaut man das gesamte Gräberfeld.

Du belvédère qui se dresse sur un promontoire à l'extrémité est du cimetière, on embrasse du regard l'ensemble des tombes et la campagne alentour.

Fünf der hier beerdigten amerikanischen Soldaten sind postum mit der „Medal of Honor", der höchsten militärischen Auszeichnung „für besondere Tapferkeit und Kühnheit unter Lebensgefahr und Pflichterfüllung im Kampf gegen den Feind" geehrt worden. Zwei von ihnen, der Gefreite Frederick C. Murphy aus Massachusetts sowie der Unteroffizier Andrew Miller aus Wisconsin, haben ihr Leben ganz in unserer Nähe im Niedtal verloren. Ihre Grabsteine sind an der goldenen Gravur und dem zusätzlichen Stern der Ehrenmedaille zu erkennen.

Cinq des soldats inhumés dans ce cimetière militaire américain ont reçu post mortem la plus haute distinction militaire : le « Medal of Honor ». Ils se sont distingués « face à l'ennemi par des actions d'éclat dénotant une bravoure et une intrépidité, un mépris de la mort et un sens du devoir hors du commun ». Deux de ces combattants, le caporal F. Murphy et le sous-officier A. Miller, sont tombés lors des opérations militaires qui se sont déroulées à proximité, dans la vallée de la Nied. Leurs pierres tombales sont reconnaissables aux noms gravés en lettres d'or et à l'étoile de la médaille d'honneur.

Letzte Ruhestätte eines unbekannten Soldaten

A COMRADE IN ARMS
KNOWN BUT TO GOD

Jüdische neben christlichen Gräbern

Andrew Miller, gefallen in Hemmersdorf, beerdigt in St. Avold

Am 29. November 1944, als die Kompanie „G“ einen Hügel bei Kerprich-Hemmersdorf einnahm, zwang deutsches Gegenfeuer die Truppe zu voller Deckung. Auf eigene Verantwortung stürmte Unteroffizier Miller zur Überraschung der deutschen Abwehr mit seiner Gruppe vor. Seine Kompanie kam nach dieser Aktion aus der Deckung und folgte ihm unter Einsatz ihrer Schusswaffen. Ermutigt durch Millers Vorstürmen, folgte ihm eine Gruppe nach der anderen und lieferte den Deutschen ein hartnäckiges Gefecht. Die deutschen Truppen wurden zurückgedrängt. In diesem Gefecht fiel Unteroffizier Miller. Sein Mut, seine Bereitschaft, sich selbst dem Feind zu stellen, statt seine Männer in Gefahr zu bringen, seine Tapferkeit sorgten für den Erfolg der Kompanie „G“.

Le 29 novembre 1944, au moment où la compagnie G grimpa sur une colline dominant Kerprich-Hemmersdorf, le feu nourri des défenseurs allemands cloua la troupe américaine au sol. Alors le sous-officier Andrew Miller prit l’initiative de se porter en avant avec son détachement, à la grande surprise de l’ennemi. Sans plus tarder, toute sa compagnie lui emboîta le pas, à découvert et, tous ensemble, ils ouvrirent le feu sur les défenseurs allemands. Encouragés par cet exemple, d’autres groupes de soldats américains suivirent Miller et livrèrent un combat acharné. Finalement, les Allemands durent s’incliner et se replièrent. Mais le valeureux Miller perdit la vie au cours de cet accrochage. La bravoure et la ténacité de ce combattant exemplaire et soucieux de ménager la vie de ses hommes forcent l’admiration. C’est grâce à son dévouement et à son esprit de sacrifice que sa compagnie put remporter la victoire ce jour-là.

Frederick. C. Murphy, gefallen in Itzbach, beerdigt in St. Avold

Der Sanitäter Frederick C. Murphy wurde an der rechten Schulter verletzt, kurz nachdem seine Kameraden im Morgengrauen des 18. März 1945 die „Siegfried-Linie" bei Saarlouis angegriffen hatten. Er lehnte es ab, sich behandeln zu lassen und rückte unter heftigem Maschinengewehr-, Granatwerfer- und Artilleriebeschuss als Sanitäter weiter mit vor.
Als die Kompanie in ein dichtes Minenfeld geriet und immer mehr Opfer zu beklagen hatte, dachte er nicht an seine eigene Verwundung. Ohne zu zögern setzte er sich der Gefahr aus und marschierte trotz heftigem Beschuss weiter, leistete verletzten Kameraden Hilfe, bis ihm selbst durch eine explodierende Mine ein Fuß abgerissen wurde. Trotz seiner schweren Verletzungen verrichtete er seinen Dienst unter heftigsten Schmerzen und stark blutend weiter, indem er von Mann zu Mann kroch und Erste Hilfe leistete. Er wurde durch die Explosion einer weiteren Mine getötet, über die er bei dem Versuch, einen anderen Verletzten zu erreichen, gekrochen war.
Mit unerschütterlichem Mut, bedingungsloser Selbstaufopferung und höchstem Pflichtbewusstsein erfüllte er seine Aufgabe. Obwohl er sich kaum noch bewegen konnte, hat der Gefreite Murphy sein Leben geopfert und viele seiner Kameraden gerettet.

Infirmier de son état, Frederick C. Murphy fut blessé à l'épaule droite peu après que ses camarades eurent lancé une attaque contre la « Ligne Siegfried », à proximité de Sarrelouis à l'aube du 18 mars 1945. Murphy refusa de se faire soigner et continua l'avance avec ses camarades sous le feu nourri de l'ennemi, tout en vaquant à ses occupations d'infirmier. Lorsque la compagnie tomba sur un champ infesté de mines et commença à subir de lourdes pertes, le courageux infirmier ne prêta pas attention à sa blessure et n'hésita pas à affronter les pires dangers et à apporter son aide aux blessés jusqu'à l'instant où lui même se fit arracher un pied en marchant sur une mine. Mais même ses graves blessures, qui lui causaient des douleurs violentes et lui faisaient perdre beaucoup de sang, ne pouvaient l'empêcher d'accomplir son devoir d'infirmier. Rampant d'un blessé à l'autre pour lui prodiguer ses soins, Murphy sauta finalement sur une autre mine au moment où il tenta de porter secours à un camarade blessé.
Il faut rendre hommage au courage inébranlable, à l'esprit de sacrifice hors du commun et au dévouement exemplaire de cet homme. Au mépris de tous les dangers et en se battant jusqu'à son dernier souffle, le caporal Murphy a sacrifié sa vie pour sauver celles de nombreux camarades.

X

Hugenotten
Huguenots

Kurzer Rückblick auf die Geschichte der Hugenotten in Frankreich

Als der Theologieprofessor Martin Luther am 31. Oktober 1517 seine 95 Thesen gegen den Ablass am Hauptportal der Schlosskirche in Wittenberg „mit wuchtigen Hammerschlägen" anschlug, konnte noch niemand ahnen, dass diese Aktion zu einer Kirchenspaltung und in deren Folge zu politischen Kämpfen und Kriegen führen würde, die ganz Europa erschüttern sollten.
Vier Jahre nach dem Anschlag der Thesen weigerte sich Luther, der bereits als Häretiker verurteilt und mit dem Kirchenbann belegt worden war, vor dem Reichstag zu Worms, seine Thesen zu widerrufen, und bekannte sich zu seiner Haltung durch sein berühmtes „Hier stehe ich und kann nicht anders". Er wurde für „vogelfrei" erklärt, konnte aber auf die Wartburg fliehen, wo er die erste Bibelübersetzung in der deutschen Volkssprache anfertigte.
Auf dem Reichstag zu Speyer 1529 wurde das Wormser Edikt von 1521 bestätigt, woraufhin die inzwischen reformierten Fürsten eine Protestaktion gegen die Verhängung der Reichsacht über Martin Luther organisierten. Von dieser Aktion leitet sich der Begriff „Protestantismus" ab.
Luthers Thesen fielen auf fruchtbaren Boden. Das autoritäre Verhalten der Kirche, der ausufernde Ablasshandel und Machtmissbrauch hatten bereits für eine auflehnende Haltung beim Volk gesorgt. Der Bewegung kam zugute, dass Luther seine Thesen und Schriften statt in dem bis dahin üblichen Kirchenlatein in der Sprache des Volkes veröffentlichte (und damit das „Neuhochdeutsche" begründete). Hinzu kam die damals neue, von Gutenberg erfundene Technik des Buchdruckes, die eine rasche Verbreitung im ganzen Land ermöglichte.
Luther folgten bald weitere Reformatoren wie Ulrich Zwingli in der Schweiz oder Martin Butzer und Johannes Calvin, deren Lehren sich in ihrer französischen Heimat rasch verbreiteten. Am einflussreichsten war Calvin, dessen Lehren sich außer in Frankreich in ganz Westeuropa, besonders in Holland, der Schweiz und England durchsetzten.
Die Deutschen blieben überwiegend der Lehre Luthers treu.
Die französischen Protestanten wurden Hugenotten genannt, ein Spottname, dessen Ursprung nicht eindeutig geklärt ist und der im Übrigen von den Hugenotten selbst nicht benutzt wurde.

Martin Luther

Nach der Französischen Revolution war diese Bezeichnung nicht mehr gebräuchlich und die evangelischen Christen wurden wieder „Protestanten" genannt. Ihre Kirchen bezeichnet man im Französischen als „Temple".
Schon sehr früh gründeten die Hugenotten eine politische Partei, eine Entscheidung, die eine blutige Verfolgung, sogar „Ketzerverbrennungen" und erste Fluchtbewegungen in Richtung Osten nach sich zog.
Mehr als 30 Jahre – von 1562 bis 1598 – fanden blutige Auseinandersetzungen statt, die als sogenannte Hugenottenkriege in die Geschichte eingingen. Obwohl 1570 im Frieden von Saint-Germain-en-Laye den Hugenotten erste Zufluchtsorte eingerichtet wurden, kam es 1572 zur „Bartholomäusnacht", in der in Frankreich 20.000 Hugenotten ermordet wurden. Als Papst Gregor XIII. die Nachricht von dem Massaker erhielt, ordnete er einen Dankgottesdienst an und ließ eine Erinnerungs-Medaille prägen.
Im Toleranzedikt von Nantes wurden den Hugenotten 1598 politische Gleichberechtigung, Gewissensfreiheit und, mit Einschränkungen, freie Religionsausübung zugestanden sowie weitere Zufluchtsorte zugewiesen.
Das Zusammenleben änderte sich schlagartig, als Ludwig XIV., der „Sonnenkönig", das Edikt von Nantes zurücknahm und mit seinem Revokations-Edikt von Fontainebleau den Exodus der Hugenotten auslöste, weil sie wieder verstärkt der Verfolgung ausgesetzt wurden.
In seinem Bestreben, jegliche Häresie auszumerzen, lautete sein absolutistisches Motto: « Un roi, une loi, une foi » – „Ein König, ein Gesetz, ein Glaube". Während den reformierten Gläubigen die Auswanderung unter Androhung schwerer Strafen verboten war, wurden die Pfarrer des Landes verwiesen. Ihre Kirchen wurden zerstört, katholische Zwangstaufen wurden angeordnet. Obwohl mit allen Mitteln versucht wurde, Fluchtbewegungen zu verhindern, gelang es doch etwa 300.000 Hugenotten, die Grenzen in Richtung Schweiz, Holland und Preußen zu überwinden. Die zurückgebliebenen Protestanten, deren Motto « Résistez ! » – „Widersteht!" war, befanden sich außerhalb des Gesetzes und konnten sich nur heimlich versammeln.
Auch die Duldung der Hugenotten durch das neue Toleranzedikt von Versailles, 1787 von Ludwig XVI. erlassen, änderte wenig an der Situation, so dass sich die Fluchtbewegungen weiter fortsetzten, bis sich schließlich im Rahmen der Französischen Revolution und dem danach folgenden Code Napoléon völlige Gleichberechtigung durchsetzte. Protestanten bilden heute in Frankreich nur noch etwa 1,5 % der Bevölkerung.

Johannes Calvin

Bref aperçu de l'histoire des huguenots en France

Ce jour d'octobre où le moine-professeur en théologie Martin Luther afficha ses quatre-vingt-quinze thèses contre le trafic des indulgences au portail de l'église de Wittenberg, il était loin de se douter que ses puissants coups de marteau allaient ébranler l'édifice religieux et clérical du Moyen Âge. Ils allèrent même déclencher un véritable tremblement de terre qui devait secouer violemment toute la société de son temps pendant des décennies et déboucher rapidement sur une scission de l'Église. Les thèses du moine réfractaire rencontrèrent un écho étonnement favorable dans toutes les couches de la société allemande parce qu'elles cristallisaient à merveille le malaise et le mécontentement accumulés depuis des générations à l'encontre d'une Église rongée par les abus et souffrant d'une piètre image. Et c'est justement la vente des indulgences qui devait mettre le feu aux poudres parce qu'elle faisait l'objet des critiques les plus virulentes et était sans conteste l'une des principales pierres d'achoppement. Les thèses écrites en latin furent traduites en peu de temps en langue « vulgaire » et portées ainsi à la connaissance d'un nombre considérable de gens qui se reconnurent immédiatement dans les formulations pertinentes de Luther qui sut si bien exprimer leur hargne et exaspération mais aussi leur vive aspiration à une purification de l'Église.

Notons tout de même un détail d'importance : sans l'existence d'une imprimerie performante, capable de publier des centaines de milliers de tracts en très peu de temps, Luther n'aurait jamais suscité un si prodigieux intérêt et atteint une si large audience et notoriété dans tous les territoires allemands.

Cependant, le théologien rebelle fut bientôt dénoncé auprès du Saint-Siège pour ses prédications et ses écrits et Rome ne se fit pas prier pour engager un procès canonique contre le moine réformateur. L'homme est convaincu d'hérésie et frappé d'excommunication. En 1521, celui qui était devenu entre-temps un héros national, est convoqué devant la Diète de Worms pour y répondre de ses affirmations et de ses actes. Mais même face à l'empereur Charles Quint et à tous les dignitaires de l'Empire et de l'Église, le moine défroqué et déclaré hérétique reste imperturbable et inflexible en se réclamant de l'Écriture seule et finit par lancer calmement à ses juges ébahis: « L'homme qui est devant vous ne peut agir et parler autrement. » Mal lui en prit : Luther est mis au ban de l'Empire et son enseignement tombe une nouvelle fois sous le coup de l'hérésie. Par bonheur, le réformateur lui-même a la vie sauve parce que le sauf-conduit impérial est respecté cette fois-ci.

On connaît la suite. L'édit de Worms n'a nullement enrayé la propagation des idées du réformateur et éliminé l'hérésie. Lorsqu'en 1529, la Diète de Spire confirme et renouvelle en grande partie l'édit en question, les défenseurs et soutiens (*evangelische Reichsstände*) de Luther expriment solennellement leur désaccord. Le surnom de protestants leur est resté depuis ce jour-là. On désigne désormais par ce terme tous ceux qui se rangent derrière l'un des réformateurs et adhèrent à sa confession. Car Luther trouva bientôt des émules et des rivaux qui suivirent son exemple. Les plus influents sont Martin Bucer,

Ulrich Zwingli et Jean Calvin. Cependant, si la Réforme religieuse telle que l'avait conçue et mise en œuvre le grand réformateur de Genève Calvin devait s'imposer dans bon nombre de pays de l'Europe occidentale (en France, en Hollande, en Suisse et en Angleterre), l'Église réformée allemande, par contre, resta largement fidèle et tributaire au *Rossignol de Wittenberg* comme l'avait si joliment surnommé le poète Hans Sachs. Les protestants français, quant à eux, eurent droit à un surnom peu flatteur, car le terme « huguenot » par lequel on commença à les désigner est dépréciatif et doté d'une connotation moqueuse. Les huguenots eux-mêmes, en toute logique, n'employèrent pas ce terme dont l'origine n'a jamais été établie avec certitude.
Cette dénomination péjorative est par ailleurs hors d'usage depuis le début du XIXe siècle. Autre particularité : on appelle les églises protestantes également « temples ». Très tôt, les huguenots fondèrent un parti politique, ce qui entraîna des persécutions très violentes et l'on dressa des bûchers sur lesquels moururent de présumés hérétiques. Ces menaces déclenchèrent un premier exode en direction de l'est. Et pendant plus de trente ans – de 1562 à 1598 – , les violences entre les confessions culminèrent dans des guerres de religion. Bien que les premiers lieux de refuge furent accordés aux huguenots en 1570, leur sang coula à flots lors du massacre de la Saint-Barthélemy en 1572. Les victimes huguenotes de cette abominable tuerie se comptent par milliers tant à Paris qu'en province. Lorsque le pape apprit la nouvelle, il fit frapper une médaille de commémoration et célébra une messe solennelle en action de grâces. Dans l'édit de pacification de Nantes de 1598, on accorda aux huguenots l'égalité des droits civils, la liberté de conscience et – avec certaines restrictions – la liberté d'exercer leur culte ainsi que cent cinquante lieux de refuge dont cinquante et une « places de sûreté » confiées à des garnisons et des gouverneurs protestants.
Hélas, cette embellie prit brutalement fin avec la révocation de l'édit de Nantes par Louis XIV en 1685 (édit de Fontainebleau). La devise de ce roi résolu à extirper l'hérésie était : « Un roi, une loi, une foi. » Les persécutions reprirent de plus belle. On démolit les temples et décréta le baptême catholique des enfants. Les pasteurs furent bannis, alors qu' il était strictement interdit aux ex-religionnaires de quitter le pays sous peine de galère. Mais malgré une impitoyable chasse aux fugitifs, de nombreux protestants bravèrent l'interdit et prirent la route de l'exode. Environ 300 000 d'entre eux réussirent à passer la frontière en direction de Genève, de la Hollande ou de la Prusse. Ceux qui étaient restés en France ne pouvaient célébrer leur culte que dans la clandestinité à leurs risques et périls.
Un nouvel édit de tolérance promulgué en 1787 n'améliora pas la situation des protestants français de façon significative de sorte que leur émigration ne cessa pas. Il a fallu attendre la Révolution de 1789 et la publication du Code Napoléon pour que les huguenots deviennent des citoyens à part entière, dotés des mêmes droits que leurs compatriotes. Actuellement, la part de la population française appartenant à l'Église protestante ne dépasse pas 1,5 pour cent.

Courcelles-Chaussy, Zentrum der Reformierten

Schon sehr früh erreichte die Reformation das Herzogtum Lothringen. Nach Straßburg bildete sich bald auch in Metz eine reformierte Gemeinde nach der Lehre Calvins. Die Reaktion von offizieller Seite ließ nicht lange auf sich warten: jegliche Religion, mit Ausnahme der katholischen, wurde verboten. Da Courcelles nicht der Gerichtsbarkeit der Stadt Metz unterlag, wurde es zur Sammelstelle für Religionsflüchtlinge und die protestantische Bewegung konnte sich weiter entwickeln. Trotzdem waren die reformierten Christen in Courcelles wie im übrigen Frankreich während der Religionskriege in den folgenden Jahrhunderten den blutigen Kämpfen mit ihren Massakern und Vergeltungsschlägen ausgesetzt. Erst nach dem Toleranz-Edikt von Nantes kehrte auch hier eine Zeit der Ruhe und des Wohlstandes ein, in der Katholiken und Reformierte harmonisch zusammenleben konnten.
Im Dreißigjährigen Krieg wurde der Ort 1637 von österreichischen Einheiten verwüstet. Außerdem forderten Typhus, Ruhr und Pest zahlreiche Opfer, so dass nicht einmal die Hälfte der Einwohner den Krieg überlebte.
Zum Wiederaufbau nach dem verheerenden Krieg wurden Siedler aus dem Ausland angeworben, darunter viele junge Calvinisten aus der Schweiz. Insgesamt ließen sich 20.000 Zuwanderer, überwiegend Reformierte, in Elsass-Lothringen nieder. Allein in Courcelles blieb die Ausübung des protestantischen Glaubens anerkannt und der Ort wurde einmal mehr Zufluchtsort und Begräbnisstätte für Gläubige aus dem Umland.
Aber die Gegenreformation ließ nicht lange auf sich warten. Schlagartig veränderte sich die Situation, als das Toleranzedikt durch Ludwig XIV. aufgehoben wurde. Die Protestanten wurden diffamiert und schikaniert. So wandten sich zum Beispiel katholische Frauen nicht mehr an protestantische Hebammen. Kirchen im Metzer Land wurden entweiht und geschleift. Der Pastor ging ins Exil, die Kirche wurde niedergerissen, ihre Glocke der katholischen Gemeinde übergeben. Rechtlich existierte die Reformierte Kirche nicht mehr, aber die Gemeinschaft blieb bestehen. Statt ihrem Glauben abzuschwören, wählten viele Protestanten die Flucht, die durch die Grenznähe begünstigt wurde. Die meisten gingen nach Ludweiler, in das Dorf, das durch ihre hugenottischen Vorfahren gegründet worden war.

Das Hugenottenkreuz

Die vier Dreiecke, die das Kreuz in Form eines Malteserkreuzes bilden, entsprechen den vier Evangelien. Die Kugeln in den Ecken, insgesamt acht, könnten Symbol für die Tränen sein, die während der Verfolgung geweint wurden, werden aber auch als Hinweis auf die acht Seligpreisungen der Bergpredigt interpretiert. Die bourbonischen Lilien bekunden die Verbundenheit mit der französischen Heimat. Die vier Blüten mit jeweils drei Blättern symbolisieren die zwölf Apostel. Die herabfliegende Taube steht für den Heiligen Geist.

Courcelles-Chaussy, centre religieux des calvinistes de France

La Réforme s'étendit déjà très tôt au duché de Lorraine et Metz vit naître, peu de temps après Strasbourg, une communauté se réclamant de la religion de Jean Calvin. Cependant, la réaction du gouvernement français ne se fit guère attendre : toute religion en dehors du culte catholique fut frappée d'interdiction. Mais comme, par bonheur, Courcelles ne relevait pas de la juridiction messine, les personnes persécutées au motif d'appartenir à une religion interdite pouvaient trouver refuge dans ladite localité et y pratiquer leur culte sans entraves.

Cependant les guerres de religion avec leur cortège d'horreurs et de massacres n'épargnèrent pas la communauté huguenote de Courcelles. Il a fallu attendre la signature de l'édit de Nantes (1598) pour que la région retrouve la paix et puisse prendre un nouvel essor grâce à une vie commune harmonieuse placée sous le signe de la tolérance entre catholiques et protestants.

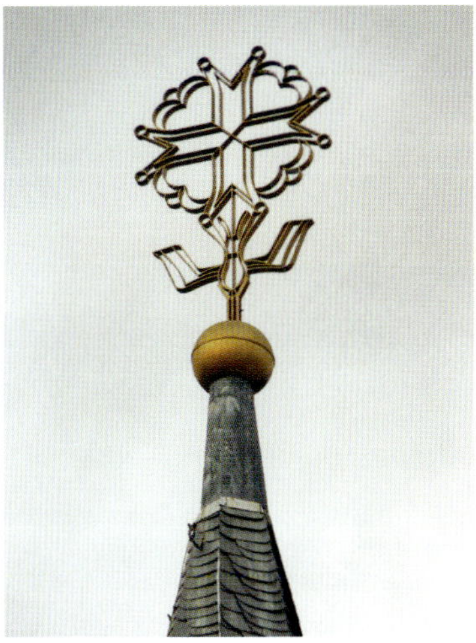

Das Hugenottenkreuz auf der Kirchturmspitze in Ludweiler

Hélas, ce temps de prospérité et de bien-être relatifs ne dura guère, car pendant la guerre de Trente Ans, ce furent cette fois-ci des troupes autrichiennes qui détruisirent le village en l'an 1637. Et comme si cela ne suffisait pas, les trois grands fléaux que sont le typhus, la dysenterie et la peste, frappèrent à leur tour les survivants et décimèrent de plus belle une population déjà durement éprouvée. Tant et si bien que Courcelles avait perdu plus de la moitié de ses habitants à la fin de cette guerre désastreuse.

Pour faire revivre et reconstruire le village et la région après 1648, on fit venir des colons de l'étranger parmi lesquels on comptait de nombreux jeunes calvinistes en provenance de Suisse. Le nombre des nouveaux arrivants s'éleva à 20 000 personnes pour toute l'Alsace-Lorraine et parmi eux, il y avait une majorité de membres de l'Église réformée. Et comme Courcelles était la seule localité où l'exercice du culte protestant était toléré, le village recommença à attirer un nombre croissant de calvinistes vivant dans les environs.

Cependant, la Contre-Réforme ne se fit pas attendre. Les protestants furent une nouvelle fois la cible de brimades, de vexations et de calomnies. Des femmes catholiques n'eurent plus recours aux services de sages-femmes huguenotes et des temples protestants furent profanés et démolis dans le pays messin. Et du jour au lendemain, la situation prit un tour encore plus dramatique pour les protestants avec la révocation de l'édit de Nantes décrétée par Louis XIV en 1685. Il s'ensuivit que le pasteur de Courcelles s'exila, le temple fut détruit et sa cloche passa entre les mains de la paroisse catholique. L'Église réformée de France avait cessé d'exister sur le plan juridique, mais cela ne mit nullement fin à l'existence de la communauté huguenote de Courcelles. Car, au lieu d'abjurer sous la contrainte, de nombreux protestants profitèrent de la proximité de la frontière pour prendre la fuite. La plupart d'entre eux trouvèrent refuge à Ludweiler, bourgade fondée par leurs ancêtres huguenots.

Nach dem Krieg 1870/71 wurden das Elsass und Teile Lothringens ins Deutsche Reich eingegliedert. Die Amtssprache wurde Deutsch, Courcelles wurde in Kurzel umbenannt. In der Zeit bis zum Ende des Ersten Weltkrieges, 1918, blühte der Protestantismus wieder auf. Diese Entwicklung war eng verbunden mit dem Hohenzollern Wilhelm II., König von Preußen und Deutscher Kaiser, der sich in seinem neuen „Reichsland" gerne und auch recht häufig aufhielt. 1890 erwarb er das Schloss Urville bei Kurzel und ließ es zu einer Sommerresidenz umgestalten. Wilhelm stand den Calvinisten nahe und besuchte gemeinsam mit seiner Ehefrau Auguste Viktoria gelegentlich den Gottesdienst in der kleinen Kirche der Hugenotten in Kurzel. Der Tatsache, dass dem Herrscher die Kirche nicht standesgemäß erschien für sich und seinen Hof, verdankt die Gemeinde den Bau einer neuen stattlichen Kirche, der „Kaiserkirche", die auf dem schönsten Platz des Ortes, dem Rathausplatz, errichtet wurde. Am 27. Mai 1894 fand die feierliche Grundsteinlegung statt. In Anwesenheit des kaiserlichen Paares wurde die Kirche nicht einmal zwei Jahre später, am 17. Oktober 1895, in einem Gottesdienst eingeweiht.

L'époque où Courcelles s'appelait Kurzel

Au lendemain de la guerre de 1870-1871, l'Alsace et le nord de la Lorraine furent intégrés à l'Empire allemand et proclamés terre d'Empire. La langue officielle du *Reichsland* fut l'allemand et on rebaptisa le village de Courcelles sans plus tarder. Il s'appela désormais Kurzel.

Les années d'appartenance à l'Empire allemand entre 1871 et 1918 furent une période favorable à la reviviscence du protestantisme dans la région. Le roi de Prusse et empereur d'Allemagne, Guillaume II (1888-1918), s'intéressait de très près aux provinces nouvellement acquises. Il y séjourna souvent et acheta en 1890 le château d'Urville qu'il réaménagea et adapta à ses besoins pour en faire sa résidence d'été. L'empereur, lui-même protestant, assista de temps en temps avec l'impératrice au service religieux dans le modeste temple de Kurzel. Cependant, cette petite église ne permettait guère à l'empereur entouré de sa cour de tenir son rang, et c'est ainsi qu'il fit ériger une nouvelle église, l'imposante *Kaiserkirche* (Église impériale) sur la plus belle place du bourg, à savoir la place de l'Hôtel de Ville. La première pierre fut posée en 1894 et la nouvelle église fut inaugurée au mois d'octobre de l'année suivante en présence du couple impérial.

Ansicht von Kurzel

Die „Kaiserkirche"

Die Kaiserkirche im Bau

Die enge Verbundenheit des Architekten Tornow mit seinem Monarchen spiegelt sich in der Statue des Propheten Daniel am Westportal der Metzer Kathedrale, dem er die Gesichtszüge Wilhelms II. verliehen hat. Als Wilhelm 1918 nach verlorenem Krieg abdanken musste, legten die Franzosen die Figur in Ketten, woran ein Schild hing mit der Aufschrift „Sic transit gloria mundi" (so vergeht weltlicher Ruhm).
Während der deutschen Besatzung im Zweiten Weltkrieg wurden Kette und Schild wieder entfernt, aber auch der kaiserliche Schnurrbart „abrasiert", um die Erinnerung an den gescheiterten Monarchen zu verdrängen.

Der Architekt Paul Tornow, ein enger Vertrauter des Kaisers, zu jener Zeit Dombaumeister in Metz, wurde beauftragt, die neue Kirche zu bauen. Es entstand eine „majestätische" Kirche im neogotischen Stil an dem bevorzugten Platz gegenüber dem Rathaus.
Der Grundriss entspricht der Form eines griechischen Kreuzes. An der Front erhebt sich ein quadratischer 37 m hoher Glockenturm mit vier Ziertürmchen an der Spitze.
Beide Querschiffe tragen mächtige Fensterrosen, die ein wenig an die Kathedrale von Metz erinnern. Der nach oben strebende Charakter der Kirche wird durch die hohen Fensteröffnungen im neugotischen Stil betont. Kirche und Turm sind mit Schiefer gedeckt.
Drei Glocken, hergestellt von dem im preußischen Exil lebenden Hugenotten Gustav Collier, wurden aus Berlin geliefert.
Bemerkenswert ist, dass der Kaiser sich einen eigenen separaten Eingang bauen ließ, der durch einen Vorraum direkt in die Kaiserloge beim Chor führte.

Le temple de Courcelles-Chaussy

Le temple de Courcelles-Chaussy est un monument dont l'importance dépasse celle d'un simple édifice cultuel de village. Il matérialise en effet le lien existant entre l'histoire du protestantisme mosellan, l'histoire religieuse de l'Allemagne et des Hohenzollern et l'intégration du Reichsland au nouvel Empire. Sa localisation n'est pas le fruit du hasard : Courcelles-Chaussy est une enclave protestante du Pays messin. Après la révocation de l'édit de Nantes, c'est souvent là que se regroupèrent clandestinement les réformés messins qui voulaient gagner les terres protestantes de l'Empire, en passant par Ludweiler. En s'implantant à Courcelles-Chaussy, en 1890, par l'achat de la terre et du château d'Urville (achetés au prix fort), Guillaume II marque ainsi son attachement à la Terre d'Empire, mais aussi à l'histoire des huguenots messins dont près de 4000 furent accueillis à Berlin à la fin du XVIIe siècle, favorisant l'essor de la ville et renforçant la dynastie calviniste dans un environnement majoritairement luthérien. Courcelles-Chaussy possédait déjà un temple, achevé en 1839, de facture classique, très dépouillé. Le nouveau temple, dont la construction est décidée et financée par l'Empereur en 1894, est implanté près du lieu-dit « Trou des Huguenots ». Il est officiellement inauguré à la date symbolique du 17 octobre 1895. Construit par l'architecte Tornow, qui a édifié le nouveau portail de la cathédrale de Metz (avec la statue de Guillaume II sous les traits du prophète Daniel), il est de style néogothique. Son plan centré et ses galeries en font, comme celui de Rombas, un des temples contemporains les plus proches de l'esprit du culte réformé. L'empereur pouvait accéder directement à sa place réservée dans une alvéole aux carreaux de faïence décorés d'aigles (fabriqués par Villeroy & Boch à Mettlach) par sa propre entrée, près du chœur. Le décor, très simple, met en valeur le travail du bois de la chaire, des galeries et des bancs.

Laurent Commaille

Das zur Hundertjahrfeier der Kaiserkirche in Courcelles-Chaussy neugestaltete Wappen bezieht sich auf den mythischen Vogel Phönix und trägt die Unterschrift

ORITUR EX FAVILLA
Aus der Asche auferstanden

Im Zentrum, über dem Streifen mit den drei Jakobsmuscheln das Hugenottenkreuz.

Die „Kaiserkirche"
Le temple de Courcelles-Chaussy

Die „Kaiserkirche"in Courcelles-Chaussy heute
Le « Temple impérial » de Courcelles-Chaussy aujourd'hui

Kacheln der Firma Villeroy & Boch mit dem Reichsadler zieren die Kaiserloge
Ces carreaux produits par la manufacture Villeroy & Boch ornent la loge impériale du temple

Der Eingang, der direkt zur kaiserlichen Loge führt
L'entrée avec un accès direct à la loge impériale

Seine Majestät, Kaiser Wilhelm II., verlässt „seine" Kirche nach dem Einweihungsgottesdienst.
Sa Majesté impériale Guillaume II à la sortie de « son » temple après l'office inaugural

Der Hugenottenweg

Le sentier des huguenots est un authentique lieu de mémoire transfrontalier. Ce sentier, inauguré en 1994, évoque le sort tragique et les tribulations des protestants français qui avaient refusé de se convertir au catholicisme. Après avoir subi d'intolérables brimades et persécutions, ils furent contraints de quitter définitivement le royaume de France au lendemain de la révocation de l'édit de Nantes et de l'interdiction de la religion réformée de 1685 à 1789.
L'itinéraire fléché de la mémoire se déroule sur une distance de 48 kilomètres entre Courcelles-Chaussy à l'est de Metz, où de nombreux huguenots s'étaient réfugiés dès le début des persécutions, et Ludweiler, localité sarroise fondée en 1604 par les huguenots mêmes.
En souvenir de cette période trouble, le Conseil protestant de la Région Messine organise régulièrement depuis 1986 une randonnée œcuménique « pour la liberté et la tolérance ».
Cette marche s'appelle « Randonnée Marie Dubois », du nom d'une jeune fille qui fut emprisonnée pour avoir refusé de renier sa foi.
Un bon marcheur peut parcourir le sentier en environ douze heures. Notons un petit détail : le chemin suit le tracé d'une ancienne voie romaine à l'ouest de Boucheporn sur 5 kilomètres.

Die Hugenotten, die in Courcelles-Chaussy und im umliegenden Metzer Land geblieben waren, zogen jedes Jahr einmal, im September, heimlich den 48 Kilometer langen Weg – zu Fuß war man immerhin etwa zwölf Stunden unterwegs – nach Ludweiler zu ihren Glaubensbrüdern, um dort das Abendmahl zu empfangen, ihre Kinder taufen zu lassen oder Hochzeiten zu feiern.
In Erinnerung an diese Zeit wird seit 1986, organisiert durch den Conseil Protestant de la Région Messine, regelmäßig eine ökumenische Wanderung von Courcelles-Chaussy nach Ludweiler unternommen. Der ausgeschilderte Weg, teilweise identisch mit der alten Römerstraße von Metz nach Saarbrücken, beginnt an der „Kaiserkirche" in Courcelles und endet an der evangelischen Kirche in Ludweiler. Er folgt dem langen Fußweg, den die Reformierten damals nahmen.
Die Veranstaltung trägt den Namen „Wanderung Marie Dubois" nach dem Namen eines Hugenottenmädchens aus Metz, das 1687 nur durch Flucht seinen Verfolgern entkommen konnte.

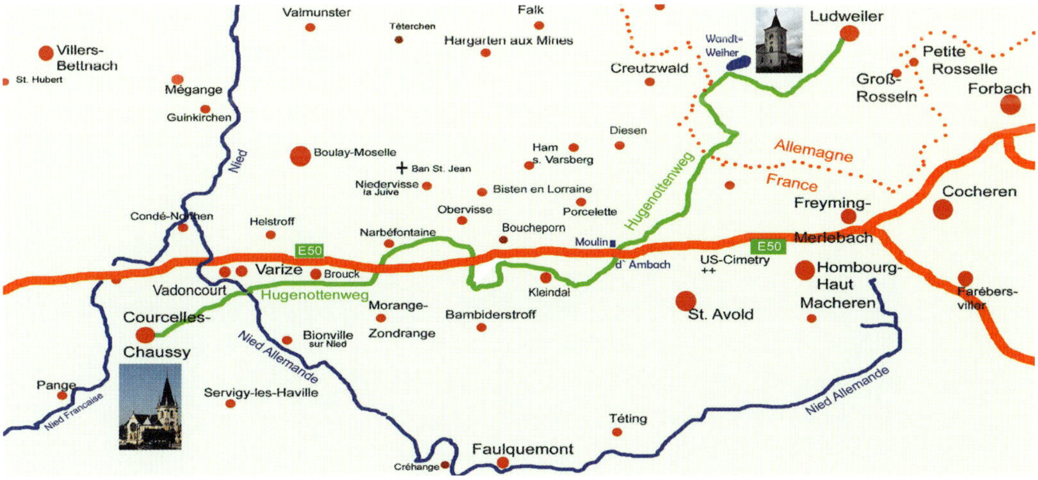

Der ausgeschilderte Weg beginnt an der „Kaiserkirche" in Courcelles-Chaussy und führt über Vadoncourt, Bannay (Bizingen), Brouck (Bruch), Narbéfontaine (Memersbronn), Boucheporn (Buschborn), Kleindal, Moulin de l'Ambach (Ambacher Mühle) und den Warndtweiher nach Ludweiler.

Marie Durand

Mit 15 Jahren wurde Marie Durand aus Südfrankreich im Festungsturm in Aigues-Mortes, der damals als Staatsgefängnis diente, eingekerkert, weil sie trotz der Aufhebung des Toleranzediktes der Konfession Calvins nicht entsagen wollte. 38 Jahre sollte diese Haft dauern.
Beharrlich weigerte sie sich, ihren Glauben zu widerrufen und ritzte mit einer Schere, in der Absicht, ihre Mitgefangenen zu bestärken, das Wort „résistez“ in die Wand, das seitdem zum Motto der Calvinisten geworden ist.
Die Schriftstellerin Gertrud von Le Fort, die selbst einer Hugenottenfamilie entstammte, hat ihr mit der Erzählung „Der Turm der Beständigkeit“ ein literarisches Denkmal gesetzt.

Hugenottenkreuz am Treppenaufgang der Kirche in Ludweiler mit dem eingravierten Motto « RESISTEZ » – „WIDERSTEHT“

Ludweiler

Am 8. Juni 1604 unterzeichnete Graf Ludwig II. von Nassau-Saarbrücken die Gründungsurkunde des Dorfes Ludwigsweiler. Zwölf Hugenottenfamilien, die wegen ihres calvinistischen Glaubens vor dem französischen König fliehen mussten, wurde dabei erlaubt, sich an der „Rixfurth im Warneth“ niederzulassen und eine Kirche und eine Schule zu bauen. Dies war ein bemerkenswerter Akt der Toleranz, denn die Grafschaft Nassau-Saarbrücken hatte sich zum lutherischen Glauben bekannt, weswegen der Calvinismus eigentlich nicht geduldet war.
Den Asylanten, deren Gottesdienstsprache lange Zeit Französisch blieb, verdankte die Saargegend einen wirtschaftlichen Aufschwung durch die Einführung der Glasindustrie.
1786 wurde die Hugenottenkirche, die noch heute Wahrzeichen der Gemeinde ist, am Marktplatz eingeweiht. Das Wappen der Gemeinde trägt neben dem Löwen der Grafen von Saarbrücken auch ein goldenes Hugenottenkreuz.
Ludweiler behielt für anderthalb Jahrhunderte die Rolle eines religiösen Zentrums für alle im Warndt beiderseits der Grenze lebenden frankophonen Reformierten.

Le fondateur du village est le comte Louis II de Nassau-Sarrebruck. Par l’acte qu’il signa le 8 juin 1604, il accorda à douze familles huguenotes, qui avaient dû fuir devant les persécutions dans le royaume de France, le privilège de s’établir aux abords du gué de Rix, le « *Rixfurt im Warneth* », et d’y construire un temple et une école. Ce fut un geste de tolérance religieuse d’autant plus remarquable que le comté en question adhérait au protestantisme luthérien, ce qui excluait en principe l’admission d’un autre culte concurrent sur le même territoire.
Le français resta longtemps la langue du culte protestant à Ludweiler. Le temple actuel sis sur la place du marché fut inauguré en 1786. Il a imprimé sa marque au village jusqu’à nos jours en restant une sorte d’emblème qui rappelle ses origines.
Sur les armoiries de la commune figure, à côté du lion des comtes de Sarrebruck, une croix d’or huguenote. Pendant plus d’un siècle et demi, Ludweiler a joué le rôle de centre religieux pour tous les membres francophones de l’Église réformée vivants dans le Warndt et ses environs des deux côtés de la frontière.
Ne passons pas sous silence le grand savoir-faire technique et artisanal des réfugiés et de leurs descendants. Ils ont apporté leur contribution qui n’était pas des moindres à l’essor économique et industriel de notre région par l’introduction de l’industrie du verre.

Die Hugenottenkirche in Ludweiler

Die Kirche wurde nach Plänen Balthasar Wilhelm Stengels erbaut, Sohn des berühmten Barock-Baumeisters Friedrich Joachim Stengel, der unter anderem verantwortlich war für das Schloss und die Ludwigskirche in Saarbrücken.
Ursprünglich war es eine streng nach calvinistischen Gesichtspunkten gebaute schlichte Saalkirche mit einem kleinen Glockentürmchen. Ende des 19. Jahrhunderts wurde ein großer Glockenturm vor den Giebel gesetzt und damit die strenge reformierte Bauweise verändert.
Die Kirche steht heute unter Denkmalschutz.

L'église protestante de Ludweiler a été construite d'après les plans de Balthasar W. Stengel, fils du célèbre architecte de l'âge baroque Friedrich J. Stengel, à qui nous devons, entre autres belles réalisations, le château et la Ludwigskirche de Sarrebruck.
La photo ci-dessous montre une église-halle dans le plus pur style calviniste avec le clocher actuel, surmonté de la croix huguenote. À la fin du XIXe siècle, on a ajouté une grande tour-clocher adossée au pignon. Ce nouvel élément architectural n'a pas été sans laisser sa marque sur l'aspect d'ensemble de ce bel édifice d'inspiration calviniste à ses origines.
L'édifice est classé monument historique aujourd'hui.

Eine Besonderheit im schmucklosen Innenraum ist der mittig ausgerichtete Kanzelaltar, sinnfälliger Ausdruck dafür, dass die Verkündigung des Wortes Gottes bei den Reformierten im Mittelpunkt des Gottesdienstes steht.

L'autel qui revêt une forme particulière parce qu'il remplit à la fois les fonctions de la chaire et de l'autel est situé dans l'axe d'une nef dépouillée comme c'est l'usage dans les églises protestantes. Le positionnement de cet « autel-chaire » est une illustration parfaite de la place prépondérante qu'occupe la prédication dans le culte protestant.

Die Kirche in Ludweiler mit dem Hugenottenkreuz
La croix huguenote couronne le clocher du temple.

XI

Judentum

Judaïsme

Die Juden im Niedtal

Schon 1306, als König Philipp IV., „der Schöne", die Juden aus seinem Königreich vertrieb, kamen die ersten Flüchtlinge in das damalige Herzogtum Lothringen. Herzog Ferry IV. wurde daraufhin sogar vorgeworfen, er habe zu viele Juden in seinem Land. Als im 14. Jahrhundert ein Drittel der Bevölkerung der Pestepidemie zum Opfer fiel, wurden oft die Juden für des Unglück verantwortlich gemacht, verfolgt und ermordet.
Seit dem 17. Jahrhundert sind wieder wachsende jüdische Gemeinden im Niedtal bezeugt. Wenn sie auch immer wieder von Ausgrenzungen und Verfolgungen bedroht waren, bauten sie doch ihre Synagogen und waren über lange Zeit Teil des öffentlichen Lebens und in die Bevölkerung integriert. Da den Christen Geldverleih gegen Zinsen theoretisch verboten war, arbeiteten die Juden oft für Banken. Sie waren auch im Viehhandel tätig und verkauften Saatgut auf Kredit. Mit Ausnahme einiger erfolgreicher Kaufleute war die jüdische Bevölkerung aber sicher nicht sehr wohlhabend.
Eine schöne Demonstration des friedvollen Zusammenlebens der Religionen zeigt eine alte Postkarte aus Courcelles-Chaussy, auf der die protestantische und die katholische Kirche gemeinsam mit der jüdischen Synagoge abgebildet sind.
Der beispiellose Kulturbruch in Nazi-Deutschland und die Übertragung des aggressiven Antisemitismus in die während des Zweiten Weltkrieges besetzten Länder beendeten auch im gesamten Niedtal diese nachbarschaftliche Gemeinschaft.

Davidstern auf dem Dach und Gesetzestafel an der Außenwand der Synagoge von Faulquemont

Des communautés juives florissantes se sont établies dans la vallée de la Nied dès le XVIe siècle. Elles ont construit des synagogues, leurs membres ont pris une part active à la vie publique et se sont bien intégrés dans leur collectivité locale respective.
Une vieille carte postale sépia de Courcelles-Chaussy illustre à merveille la cohabitation pacifique des différentes communautés religieuses aux temps passés : y figurent côte à côte le temple protestant, l'église catholique et la synagogue.
Hélas, l'irruption de la barbarie nazie et le déclenchement des persécutions antijuives dans les pays occupés par les armées hitlériennes ont mis une fin abrupte à ces bons rapports de voisinage. Ce fut le cas aussi dans toute la vallée de la Nied.

Einträchtig nebeneinander: die drei Gotteshäuser in Kurzel

Niedervisse

Fast die Hälfte der Bewohner dieses Dorfes war jüdischer Konfession. Man nannte es sogar „Niedervisse la juive", im Deutschen „Niedervisse den Juden". 1940 kam der nationalsozialistische Terror über den kleinen Ort. Die Synagoge und die Häuser der Juden wurden dem Erdboden gleichgemacht, die Menschen wurden deportiert. Heute erinnern nur noch ein Straßenname und mancher Gedenkstein auf dem alten Friedhof an das einst blühende jüdische Leben.

Presque un habitant sur deux de ce village était de confession juive, ce qui lui valut le surnom de **Niedervisse la juive.** La terreur nazie s'abattit sur le bourg en 1940 avec l'invasion allemande. On rasa la synagogue et les maisons des villageois israélites avant de déporter ces malheureux. Les seules traces subsistantes d'une vie juive autrefois si florissante sont un nom de rue et quelques rares plaques commémoratives dans le vieux cimetière de Niedervisse.

Die „Rue des Juifs" in Niedervisse

Bionville-sur-Nied

Schon 1640 besaß die jüdische Gemeinde von Bionville-sur-Nied eine Synagoge und einen Friedhof, auf dem noch heute zahlreiche Grabsteine stehen.
Anfang des 19. Jahrhunderts wurde im Dorf eine kleine Synagoge gebaut, die 1940 von den deutschen Besatzungstruppen in Brand gesteckt wurde.
1996 wurde eine Gedenktafel zur Erinnerung an die Deportierten und Ermordeten eingeweiht.

Déjà en 1640, la commune israélite de Bionville-sur-Nied possédait une synagogue et son propre cimetière où de nombreuses pierres tombales subsistent encore aujourd'hui. Au début du XIXe siècle, le village se dota d'une nouvelle petite synagogue qui fut incendiée par l'occupant allemand en 1940. Une plaque commémorative érigée en 1996 évoque le sort tragique des habitants juifs de Bionville déportés et de tous ceux qui ne sont pas revenus des camps nazis.

En hommage aux Bionvillois
de confession israelite
exterminés
à Auschwitz en 1944
Ils furent victimes d'une
barbarie
abjecte simplement parce qu'ils
étaient de religion juive.

Déportés Israelites
de la commune de
Bionville sur Nied
Mr. Cerf Albert
et son épouse
Mme Worms Camille
et son enfant
agé de treize ans
Mr. Jacob Salvador
et son épouse

An dem Platz, an dem die Synagoge stand, erinnert heute nur noch eine Gedenktafel an das Schicksal der deportierten Bürger von Bionville.

Simone Veil

Aus Bionville stammt die Familie von Simone Veil. Ihr Vater war ein international anerkannter Architekt. Die Tochter Simone erblickte 1927 in Nizza das Licht der Welt. 1944 wurde sie im Alter von 16 Jahren mit ihrer Familie wegen ihres jüdischen Glaubens verhaftet und nach Auschwitz deportiert. Während Vater, Mutter und ein Bruder umkamen, überlebte sie dank der rechtzeitigen Ankunft der Aliierten.
Nach dem Krieg machte sie nach einem Jurastudium politische Karriere als französische Ministerin in verschiedenen Ressorts, bevor sie 1979 als erste Frau zur Präsidentin des Europäischen Parlaments gewählt wurde.

Glatigny-en-Moselle

Bann nach 344 Jahren aufgehoben. Das 280-Seelen-Dorf Glatigny im Niedtal machte erst kürzlich durch eine erstaunliche Geschichte Schlagzeilen in der internationalen Presse.
Am 17. Januar 1670 war der jüdische Viehhändler Raphael Levy aus Boulay in Metz öffentlich auf dem Scheiterhaufen verbrannt worden. Ihm wurde vorgeworfen, ein drei Jahre altes christliches Kind, Didier Lemoine aus Glatigny, für rituelle Zwecke ermordet zu haben. Zudem verhängte die Dorfgemeinschaft einen allgemeinen Bann gegen Juden. Es war keinem Juden erlaubt, Glatigny zu betreten.
Obwohl sich später herausstellte, dass Raphael Levy unschuldig war, wurde dieser Bann nie aufgehoben und bis 2014 strikt eingehalten. Die Juden ihrerseits betrachteten das Dorf als verflucht und empfahlen ihren Gemeindemitgliedern, den Ort zu meiden.
Im Januar 2014, also 344 Jahre nach Levys Tod, enthüllte der Bürgermeister von Glatigny eine Tafel zum Gedenken an den unschuldig Hingerichteten und erklärte: „Heute stehen wir an einem Neubeginn. Wir sind versöhnt und stellen wieder normale Beziehungen mit der jüdischen Gemeinschaft her.“

Une réconciliation scellée après trois cent quarante-quatre ans à Glatigny-en-Moselle

Un petit village de 280 habitants situé dans la vallée de la Nied a récemment attiré l'attention de la presse internationale. Voici les détails de cette curieuse histoire :
Le 17 janvier 1670, le marchand de bestiaux juif Raphaël Lévy de Boulay a péri brûlé vif sur le bûcher à Metz. Quel était son « crime » ? Il avait été condamné pour avoir prétendument enlevé et assassiné un garçonnet chrétien de 3 ans à des fins rituelles, car d'après la rumeur les juifs confectionnaient leur pain azyme avec le sang d'enfants chrétiens.
Or, les restes du cadavre du petit Didier Lemoine, dévoré par des bêtes sauvages, furent retrouvés plus tard et l'innocence du marchand juif fut établie et reconnue officiellement par la justice royale. Mais, il était déjà trop tard et l'affaire tomba dans l'oubli. On omit également de réhabiliter la victime de cette scandaleuse erreur judiciaire en la lavant de tout soupçon auprès des habitants de Glatigny qui avaient, suite à cette affaire, interdit à tous les juifs de mettre les pieds dans leur village à tout jamais. Ce qui amena les juifs de France à maudire à leur tour ce village lorrain, c'est-à-dire à en interdire l'accès aux membres de leur communauté. Et en effet, les israélites ont scrupuleusement respecté cette défense qui a été maintenue jusqu'à nos jours.

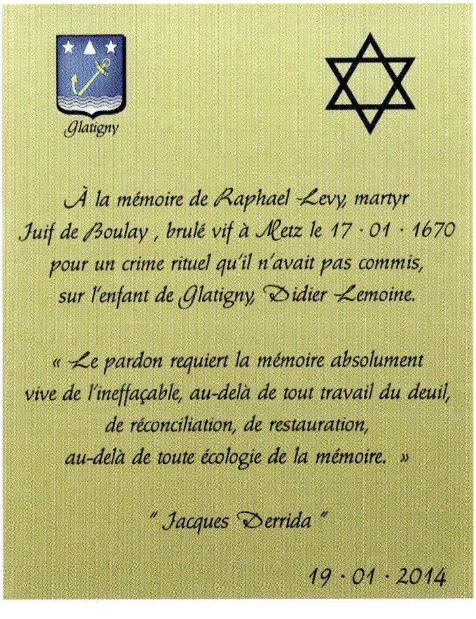

Cependant, cette malédiction et ce double interdit ont été levés tout récemment d'un commun accord lors d'une cérémonie émouvante qui a scellé la réconciliation entre les deux communautés après tant d'années. L'occasion en a été fournie par l'apposition d'une plaque commémorative près de la fontaine municipale de Glatigny. Le président du consistoire israélite de la Moselle a souligné dans son discours qu'une page avait été définitivement tournée et que c'était « une double réconciliation à la fois pour Raphaël Lévy et pour le village ».
Ajoutons pour mémoire que Raphaël Lévy aurait pu sauver sa vie s'il avait accepté d'être baptisé. Par ailleurs, en 2009, son nom a été donné à une rue de Metz.

Gedenken an die Deportation

Die bedrückendsten Zeugnisse der Unmenschlichkeit der Nationalsozialisten sind sicher die Erinnerungstafeln für die deportierten und ermordeten Juden unserer Region. In jeder größeren Gemeinde im französischen Teil des Niedtales finden sich auf den noch erhaltenen jüdischen Friedhöfen kleine Erinnerungsplaketten auf einzelnen Grabsteinen oder auch große Denkmäler zur Erinnerung an ehemalige Gemeindemitglieder.

Parmi les témoignages les plus poignants de la barbarie nazie figurent indubitablement les plaques commémoratives honorant la mémoire des juifs de notre région qui ont péri pendant la déportation ou dans les camps de concentration. Dans tous les cimetières israélites encore conservés des communes françaises du pays de Nied, on trouve ces plaquettes posées par-ci par-là, à même les pierres tombales, ou de grands monuments en souvenir des anciens membres de la communauté juive morts en déportation.

Asche der Deportierten aus Auschwitz, beigesetzt auf dem Friedhof in St. Avold

Die Synagogen

Le mot « synagogue » vient du grec et signifie « assemblée, réunion ». La synagogue est donc un édifice servant aux communautés juives de lieu de réunion, de prière et de centre d'enseignement religieux.
Dans la nuit de violences antisémites du 9 au 10 novembre 1938 appelée « Nuit de cristal » périrent 91 juifs et furent incendiées plus de 250 synagogues dans toute l'Allemagne. Et comme si cela ne suffisait pas on saccagea en plus 7 500 magasins et déporta 35 000 juifs vers les camps de concentration.

Das Wort „Synagoge." stammt aus dem Griechischen und bedeutet „Zusammenkunft", „Versammlung." Eine Synagoge ist also ein jüdischer Sakralbau. Er diente der Gemeinde als Versammlungsraum zum gemeinsamen Gottesdienst und als Lehrstätte, jiddisch auch als „Schul" bezeichnet.
In der Pogromnacht vom 9. November 1938, der sogenannten Reichskristallnacht, wurden die meisten Synagogen in Deutschland zerstört.

Rehlingen

Die Rehlinger Synagoge aus dem Jahr 1857 wurde nicht zerstört, da sie nach dem Exodus der meisten Rehlinger Juden schon 1935 als Lagerhaus vermietet worden war.
Erst Kriegsschäden machten das Gebäude baufällig, so dass es in den 1980er Jahren abgerissen werden musste.
Ein geschichtsbewusster Rehlinger Bürger hat die Gesimse und Gewände der alten Synagoge gerettet und in einem anderen Bauwerk erhalten.

Die alte, als Lagerhaus vermietete Rehlinger Synagoge

La synagogue de Rehlingen, datant de l'année 1857, a échappé aux incendies de la Nuit de cristal parce qu'après le départ de la majorité de nos concitoyens juifs du village en 1935, elle avait trouvé une nouvelle affectation comme entrepôt.
Toutefois, le vieux bâtiment a été endommagé pendant la guerre au point qu'il a dû être démoli dans les années quatre-vingts.
Un habitant de Rehlingen, amateur d'histoire et conscient de la nécessité de préserver les rares vestiges des années noires de cette nature, a sauvé la corniche et d'autres fragments de la vieille synagogue de la démolition et a su les intégrer habilement dans une nouvelle construction.

Die geretteten Gesimse
und Gewände der alten Rehlinger Synagoge.

Hemmersdorf

Eine kleine Synagoge stand auch am Schoppach in Hemmersdorf. Sie wurde vor 1863 gebaut und diente als Gebetsraum für die Juden aus Hemmersdorf, Niedaltdorf und Biringen. Von ihr ist nur ein altes Foto erhalten.
Eng schließt sich der Bau mit den neoromanischen Fenstern an ein Nachbarhaus an. So entging der Sakralbau der Zerstörung in der „Reichskristallnacht". Er wurde erst mit vielen anderen Gebäuden ohne rechtliche Grundlage während der Evakuierung zu Kriegsbeginn im Frühjahr 1940 im Zuge des sogenannten „Wiederaufbaus" abgerissen. Dies war die euphemistische Umschreibung für den Abriss ganzer Häuserzeilen durch die Organisation Todt, um die Vorstellung einer nationalsozialistischen Dorfarchitektur und Raumplanung durchzusetzen.

Die rechts im Bild mit dem Rundbogenfenster zu sehende
Synagoge in Hemmersdorf am Schoppach wurde 1940 abgerissen.

Une petite synagogue se trouvait au bord du ruisseau appelé Schoppach à Hemmersdorf. Elle avait été bâtie avant 1863 et servait de lieu de prière aux juifs de Hemmersdorf, Niedaltdorf et Biringen. Il n'en reste plus qu'une vieille photo actuellement.
La synagogue aux ouvertures en plein cintre a été épargnée pendant la Nuit de cristal parce qu'elle était adossée à une maison voisine. Mais au printemps 1940, elle a été démolie avec toute une rangée d'autres bâtiments en l'absence de la population évacuée au début de la guerre. Ces démolitions totalement arbitraires et sans aucune justification juridique valable étaient l'œuvre de l'organisation Todt qui avait reçu pour mission de remodeler le village selon les conceptions national-socialistes. Cela concernait à la fois la réalisation des constructions et leur disposition dans l'espace qui devaient se conformer aux exigences d'un nouveau style architectural d'ensemble.

Freistroff

In Freistroff und den umliegenden Orten gab es bereits im 18. Jahrhundert eine kleine, lebendige jüdische Gemeinde. 1892 begann man in der Rue d'Archigny eine eigene Synagoge zu bauen. Hier trafen sich auch gläubige Juden aus Hestroff und Ebersviller.

Die Synagoge erinnerte in ihrem äußeren Erscheinungsbild stark an eine christliche Kapelle, möglicherweise ein Hinweis auf den Wunsch nach Assimilation mit den alteingesessenen Bürgern ihres Ortes.

Die Synagoge von Freistroff wurde 1941 von den Nazis zerstört, ihre Gemeinde verfolgt.

Ci-dessous le plan de la synagogue de Freistroff

A gauche, une vieille photo de la synagogue achevée

Le bâtiment évoque une chapelle chrétienne par son apparence.

Oben: Kopie eines alten Fotos nach Fertigstellung des Gebäudes

Rechts: Plan des Architekten für die Synagoge von Freistroff

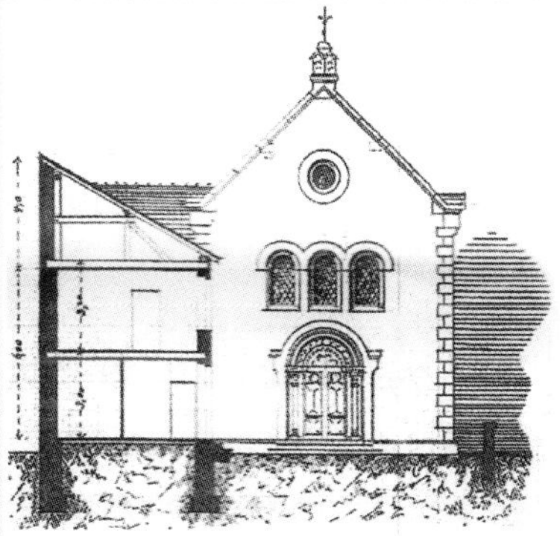

Une petite communauté juive florissante existait déjà au XVIIIe siècle à Freistroff et dans les localités environnantes. En 1892, on entreprit la construction d'une synagogue rue d'Archigny. Ce fut également un lieu de rencontre pour les israélites d'Hestroff et d'Ebersviller.

L'aspect extérieur de la synagogue s'apparente étrangement à un oratoire, peut-être par souci d'assimilation à un environnement chrétien.

La synagogue fut détruite par les nazis en 1941. On persécuta et déporta les juifs des villages.

Bouzonville

Schon für das Ende des 17. Jahrhunderts ist eine jüdische Gemeinde in Bouzonville nachweisbar. Ab dem 18. Jahrhundert bildete sich eine Schwestergemeinde in Vaudreching. Anfang des 19. Jahrhunderts wurde für beide Orte eine gemeinsame Synagoge in Bouzonville errichtet. 1907 wurde sie vollständig renoviert. Sie war das Gotteshaus für 50 jüdische Familien. Obwohl die Juden in Bouzonville, die meist im Handel tätig waren, überwiegend orthodoxe Traditionalisten waren, schickten sie ihre Kinder in die katholische Schule der Schwestern der Providence. Bouzonville wurde 1939 evakuiert. Die Einwohner, unter ihnen auch die jüdische Gemeinschaft, wurden nach Chauvigny im Département Vienne umgesiedelt. Nach dem Einmarsch der Deutschen wurde die Synagoge vollkommen zerstört. Die wenigen Juden, die nach Kriegsende zurückkamen, begannen den Bau einer neuen Synagoge an alter Stätte nach den Plänen des Architekten Bercier. 1960 konnte sie eingeweiht werden. Aber der Niedergang der Gemeinde war nicht mehr aufzuhalten. Wegen schwindender Mitgliederzahlen wurde die Synagoge vor wenigen Jahren aufgegeben.
Seit 2012 ist in ihren Räumen ein Kulturzentrum untergebracht.

Une communauté juive s'est implantée à Bouzonville dès la fin du XIXe siècle. Une autre communauté israélite jumelée avec celle de Bouzonville s'est formée à partir du XVIIIe siècle à Vaudreching.
On érigea une synagogue pour les deux villages réunis au début du XIXe siècle. Celle-ci fut rénovée de fond en comble en 1907. La synagogue servait de lieu de culte à une cinquantaine de familles juives. Fait bien étonnant : bien qu'ils fussent des traditionalistes orthodoxes ayant des activités surtout commerciales, les juifs de Bouzonville inscrivirent leurs enfants à l'école catholique des Sœurs de la Providence.
En 1939, les habitants de Bouzonville, parmi lesquels se trouvaient les membres de la communauté juive, furent évacués à Chauvigny, dans la Vienne. L'invasion allemande, après le déclenchement des hostilités en mai 1940, entraîna la destruction totale de la synagogue. Peu nombreux étaient les juifs de Bouzonville qui survécurent à l'holocauste et retrouvèrent leurs foyers après l'effondrement du nazisme. Cela ne les empêcha pas d'entreprendre la construction d'une nouvelle synagogue sur les ruines de l'ancienne d'après les plans de l'architecte Bercier. Elle a pu être inaugurée en 1960. Mais rien ne put arrêter le déclin de la communauté et, à défaut d'un nombre suffisant de juifs pratiquants, la synagogue s'est vue dans l'obligation de fermer ses portes il y a quelques années.

Die alte Synagoge in Bouzonville, Zustand von 1907 – und 1940 brennend

Moderne Synagogen

Nach dem Zweiten Weltkrieg kehrten einige überlebende jüdische Bürger in ihre alte Heimat zurück. Die sich langsam entwickelnden Gemeinden bauten ihre ersten neuen Gotteshäuser. Leider mussten einige von ihnen wegen zu geringer Zahl der jüdischen Gemeindemitglieder oder auch aus finanziellen Gründen wieder aufgegeben werden.

Un certain nombre de survivants du génocide des juifs avait choisi de regagner leur foyer lorrain après la guerre. Malheureusement, les communautés israélites reconstituées étaient trop faibles en nombre et ne disposaient pas des ressources nécessaires pour assurer durablement l'entretien des édifices cultuels dont ils avaient entrepris la reconstruction. Leur fermeture à plus ou moins long terme fut donc le triste sort des synagogues de Bouzonville, de Boulay et de Faulquemont, pour ne nommer que les plus importantes.

Boulay

Neubau der Synagoge in Boulay, inzwischen wieder aufgegeben

Bereits 1670 wurde der erste Gebetsraum einer jüdischen Gemeinde in Boulay eingerichtet. Eine größere Synagoge, im Jahre 1854 im neoromanischen Stil erbaut, wurde im Zweiten Weltkrieg bei Bombenangriffen zerstört. Nach Kriegsende konnten die ersten jüdischen Heimkehrer ihren Gottesdienst in der evangelischen Kirche wieder aufnehmen, bis 1955 eine neue Synagoge nach den Plänen des Architekten Bercier eingeweiht wurde. Die Zahl der jüdischen Einwohner ist heute so gering, dass die Synagoge aufgegeben werden musste.

La première synagogue de Boulay date de 1670. Un bâtiment plus vaste construit en 1854 disparut sous les bombes de la Seconde Guerre mondiale. Jusqu'à l'inauguration d'une nouvelle synagogue en 1955, la communauté israélite qui avait survécu à la Shoah put célébrer son culte dans le temple protestant mis à sa disposition. Mais, à défaut de pratiquants en nombre suffisant et suite à une baisse significative de la fréquentation, la synagogue a également dû fermer ses portes.

St. Avold

La présence de juifs est attestée à Saint-Avold dès la fin du Moyen Âge. Ils vivaient d'activités commerciales en tous genres, mais la ville a aussi conservé la mémoire d'un certain Abraham, excellent praticien exerçant au XVIe siècle.
Toutefois, les juifs établis en France ont dû attendre l'année 1791 pour se voir accorder enfin l'égalité civile, politique et sociale.
Les juifs de Saint-Avold ont pu inaugurer une synagogue à leur convenance en 1825 après s'être contentés, durant des années, de solutions de substitution. Cet édifice qu'on a agrandi maintes fois au fil des ans fut profané en 1940 et affecté à un nouvel usage comme caserne des sapeurs-pompiers de Saint-Avold.
Le cliché ci-dessous montre la synagogue de 1956 en son état actuel. L'édifice dont la façade est parsemée d'étoiles de David est identifiable à première vue et continue à servir de lieu de culte à la communauté israélite de la ville.

Bereits seit dem ausgehenden Mittelalter waren jüdische Händler in St. Avold tätig. Im 16. Jahrhundert arbeitete ein sehr bekannter jüdischer Arzt namens Abraham in der Stadt. Die Händler waren geduldet als Vieh- und Markthändler, doch ihre volle Gleichberechtigung als Bürger erhielten die Juden erst 1791 durch die Französische Revolution.
Um 1800 begann die jüdische Gemeinde sich nach einem Gebetshaus umzusehen. Sie erwarb ein abgebranntes Gebäude und restaurierte und vergrößerte es nach und nach. Dieses Provisorium wurde 1825 durch einen Neubau ersetzt, der aber ebenso in den nächsten hundert Jahren immer wieder erweitert wurde. Diese Synagoge wurde 1940 entweiht und als Feuerwehrgerätehaus zweckentfremdet.
Die heutige Synagoge, die sich harmonisch in das Bild der Stadtmitte einfügt, wurde 1956 nach Plänen des Architekten Zonca fertiggestellt. Ein steinernes Netz aus Davidsternen lässt die Funktion des Gebäudes schon von außen erkennen. Die Synagoge wird noch als Ort des Gebetes und des Gottesdienstes genutzt.

Bouzonville

Neubau der Bouzonviller Synagoge von 1960, wie in der Nachbargemeinde Boulay inzwischen wieder aufgegeben. Spuren des abmontierten hebräischen Schriftzuges sind noch erkennbar.

Faulquemont

In Faulquemont wurde erst im Jahre 1900 eine Synagoge gebaut. Sie wurde 1940 von den Nazis zerstört. Ein Neubau wurde zwischen 1960 und 1962 errichtet, musste aber wie in vielen anderen Orten des Niedtales wegen schwindender Mitgliederzahl schon 2005 wieder aufgegeben werden. Eine Wiederbelebung und Restaurierung des Sakralbaues ist geplant.

La photo ci-dessous montre la synagogue reconstruite entre 1960 et 1962 après la destruction par l'occupant nazi d'un édifice cultuel plus ancien datant de l'année 1900. Le bâtiment désaffecté attend sa rénovation. On garde l'espoir de faire revivre la communauté juive du village dans un avenir proche.

Die zur Zeit nicht genutzte moderne Synagoge von Faulquemont

Die Friedhöfe

Wir finden im Niedtal noch eine ganze Reihe alter jüdischer Friedhöfe. Sie sind Orte der Ruhe, des Friedens, der Einkehr und Zeugnisse der Vergangenheit.

Waldwisse

Bouzonville

Stolpersteine

Ein Mahnmal besonderer Art, das es nur auf der deutschen Seite der Nied gibt, lässt uns immer wieder „stolpern" – gegen das Vergessen. Häufig finden wir es in Rehlingen, Siersburg, Hemmersdorf und Niedaltdorf. Es sind die sogenannten „Stolpersteine", ein Projekt des Kölner Künstlers Gunter Demnig. Es soll die Erinnerung an die Vertreibung und Vernichtung von Juden, Zigeunern, von politisch Verfolgten, Homosexuellen, Zeugen Jehovas und von Euthanasieopfern durch den Nationalsozialismus lebendig erhalten.
Im Talmud heißt es: „Ein Mensch ist erst vergessen, wenn sein Name vergessen ist".
Gegen dieses Vergessen verlegt Gunter Demnig seit 1997 Pflastersteine mit kleinen Gedenktafeln aus Messing in den Bürgersteig vor der letzten selbstgewählten Wohnung des Opfers. Auf den Tafeln sind die Namen und Lebensdaten sowie das Schicksal der Ermordeten eingraviert.
Will man die Schrift genau lesen, so muss man sich bücken – eine vom Künstler gewollte Verneigung vor dem Opfer.
Im Rahmen des Projektes „Stolpersteine" hat Gunter Demnig bisher über 40.000 Steine in mehr als 750 Orten in zehn Ländern verlegt und damit das weltweit größte dezentrale Mahnmal geschaffen.

Der Künstler bei der Arbeit

Eine Kiste mit „Stolpersteinen“, bevor sie von Gunter Demnig verlegt wurden

Die geistig behinderte Karoline Wiesen, 47 Jahre alt, eingewiesen in die „Heilanstalt“ Bad Salzungen und dort am 30. September 1939 ermordet

Der französische Generalkonsul Philipp Cerf (der erste von rechts) nimmt an der Pflasteraktion von Gunter Demnig teil.

Angehörige der jüdischen Opfer aus ganz Europa

Gunter Demnig a entrepris de marquer les trottoirs des communes situées du côté allemand du pays de Nied de jalons d’un genre particulier. Il s’agit de pavés que l’artiste de Cologne a baptisés « *Stolpersteine* » (pierres d’achoppement), et qui accrochent le regard des passants pour leur remettre régulièrement en mémoire la déportation et l’extermination des victimes innocentes de la barbarie nazie : leurs concitoyens juifs d’abord, mais aussi les Tsiganes, les opposants politiques, les homosexuels, les témoins de Jéhovah et les handicapés « euthanasiés ». À l’heure actuelle, on trouve ces pierres commémoratives notamment à Rehlingen, Siersburg, Hemmersdorf et Niedaltdorf.
Le talmud nous avertit : « Le souvenir d’un homme s’efface seulement avec l’oubli de son nom. »
La prise de conscience de cette vérité profonde a donné à Demnig l’idée lumineuse de perpétuer la mémoire de tous ces êtres humains disparus sans laisser de traces à sa manière et de façon efficace. Depuis 1997, il encastre dans le revêtement des trottoirs devant la dernière habitation des victimes avant leur déportation, des pierres recouvertes d’une plaque en laiton qui porte leur nom, les dates de leur vie, ainsi qu’une remarque sur leur destin final.
Quiconque désire prendre connaissance de ces informations est obligé de se pencher pour les déchiffrer. Par ce geste qui a valeur de symbole, le passant se plie au vœu et aux intentions du poseur de pierres : il s’incline devant les victimes.
À ce jour, Gunter Demnig a posé plus de 40 000 pierres d’achoppement dans plus de 750 localités en Allemagne et dans 9 autres pays. Cette œuvre originale peut être qualifiée de plus vaste entreprise mémorielle dans le monde évoquant les crimes commis par le régime nazi.

XII

Islam

Islam

Die Moscheen

Der Prophet Mohammed sagte, Moscheen seien die meist geliebten Orte der Welt. So ließ er auf seiner Flucht von Mekka nach Medina im Jahre 622 eine Moschee bauen (die sog. Kuba Mesjid), und später eine in Medina. Moslems bauen bis heute, wo immer sie auch hinkommen, nach dem Vorbild des Propheten ihre Moscheen. Eine Moschee zeigt an: „Hier leben Moslems".

Das arabische Wort für „Moschee" lautet „Mesjid", was auf Deutsch heißt: „Ort der Niederwerfung". Mit „Niederwerfung" ist die Haltung im islamischen Gebet gemeint, in welcher der Gläubige mit der Stirn (sowie Händen, Knien und Füßen) den Boden berührt, als Zeichen seiner vollkommenen Hingabe an den Willen Gottes. Somit ist eine Moschee ein Gotteshaus, gebaut in der Absicht, einen würdevollen Rahmen für das gemeinsame Gebet der Muslime (deutsch: „Gottergebene") in einer Ortschaft zu bieten.

In ihr treffen sich Muslime fünfmal täglich zu vorgeschriebenen Gebetszeiten, d. h. vor Sonnenaufgang, mittags, nachmittags, nach Sonnenuntergang und bei Einbruch der Nacht, besonders aber auch zum Freitagsgebet. Beim Gebet wenden sie sich zur Kaaba hin, die in Mekka liegt und den zentralen Ort ihres Glaubens darstellt. Der Freitag ist für sie ein heiliger Tag. Zum Freitagsgebet versammeln sie sich, Männer und Frauen, am frühen Nachmittag in der Moschee, um der Predigt eines Imams zuzuhören, in der ihnen moralische und spirituelle Lehren vermittelt werden. Anschließend an die Predigt findet anstelle des individuellen Mittagsgebetes das gemeinsame Freitagsgebet statt.

Muslime begegnen uns heute im Niedtal allerorten – sie sind fester Bestandteil dörflicher und städtischer Gemeinschaft.

Der Gebetsraum der Moschee in Farébersviller

La fuite de Mahomet à Médine ouvre une nouvelle ère décisive pour l'islam. La modeste demeure, dans laquelle le Prophète s'était installé dans cette ville pendant les années d'exode de 622 à 632, a servi de lieu de réunion et de prière à la première communauté musulmane. Elle était orientée vers La Mecque et a acquis, déjà du vivant de Mahomet, un statut de lieu sacré. Par ailleurs, cette maison d'exil du Prophète a servi de modèle aux architectes de l'époque pour la construction des premières mosquées musulmanes et quelques éléments architecturaux parmi les plus caractéristiques de la mosquée primitive de Médine se retrouvent dans toutes les mosquées construites ultérieurement.
On attribue à Mahomet l'affirmation que les mosquées sont les lieux les plus sacrés et les plus dignes de vénération sur Terre et le Prophète oblige les croyants à construire une mosquée partout où ils s'établissent. Le mot mosquée vient de l'arabe *masdjid* et signifie « lieu où l'on se prosterne ». Ce mot décrit donc la posture du croyant lors de la prière parce qu'en signe de don total de sa personne à Allah, il se prosterne en touchant le sol du front, des genoux et des pieds. La mosquée permet aux fidèles d'une localité de se réunir dans un décor approprié et digne pour la prière commune. Les musulmans s'y rendent cinq fois par jour, avant le lever du soleil, à midi, dans l'après-midi, après le coucher du soleil et à la nuit tombante. Lors de la prière, ils se tournent vers la Kaaba, édifice cubique qui se trouve dans la Grande Mosquée de La Mecque. C'est le lieu le plus saint de leur religion. Le vendredi est un jour sacré. Ils se rassemblent alors tôt dans l'après-midi à la mosquée pour la prière et pour écouter le prêche de l'imam qui leur dispense un enseignement moral et spirituel. Après la prédication, les fidèles disent la prière du vendredi en commun.
Par-delà les moments de la prière les musulmans peuvent se rendre à la mosquée à toute heure de la journée, afin de débattre de questions religieuses, approfondir leur connaissance de la doctrine islamique, apprendre des prières ou lire le Coran. Par ailleurs, de nombreuses mosquées accueillent volontiers des non-musulmans éprouvant le besoin de prier, de méditer ou de se reposer simplement. Il y a des imams qui organisent des journées portes ouvertes ou qui invitent régulièrement les représentants d'autres religions pour nouer et entretenir le dialogue par-delà les clivages entre communautés religieuses concurrentes.

Farébersviller

Durch den Zuzug nordafrikanischer Industriearbeiter hat sich das ehemalige 600-Seelen-Dorf Farébersviller (Pfarrebersweiler) in den letzten Jahrzehnten zu einer kleinen Stadt mit 8.000 Einwohnern entwickelt. Da die überwiegende Mehrheit der Neubürger sich zum Islam bekennt, wundert es nicht, dass gerade hier mit der Moschee El Hirja eines der größten islamischen Gotteshäuser des Départements Moselle entstanden ist. Der Grundstein wurde im April 1983 durch die erst 1978 von Türken und Arabern gemeinsam gegründete „Communauté islamique de la Moselle“ gelegt.

À la suite de l'affluence massive de travailleurs immigrés en provenance des pays du Maghreb, cet ancien village de 600 âmes s'est transformé en une ville de 8000 habitants au cours des dernières décennies. Et comme la plupart de ces immigrés sont musulmans, il n'est pas étonnant qu'on ait construit ici l'une des plus grandes mosquées du département de la Moselle. La première pierre de l'édifice a été posée en 1983 par la Communauté islamique de la Moselle fondée en 1978.

Die Moschee El Hijra in Farébersviller

Das harmonische Zusammenleben türkischer und arabischer Muslime in Farébersviller spiegelt sich auch in der Architektur des Minaretts. Während die Basis eher arabischem Baustil entspricht, ist der obere Teil türkisch geprägt.

L'architecture du minaret de Farébersviller est un reflet de la bonne entente et de la cohabitation harmonieuse des communautés turque et arabe. Alors que la partie inférieure du minaret est inspirée plutôt du style arabe la partie supérieure porte la marque d'influences turques.

Anhang

Appendice

Register

Literatur

Allgemeine Literatur

Anhäuser, Uwe, DuMont Kunst-Reiseführer Lothringen. Köln 1985
Bernarding, Klaus, Lothringer Passagen. Saarbrücken 2007
Bernarding, Klaus, Lothringer Kostbarkeiten. St. Ingbert 2013
Brouet, Xavier, **Sourgnes**, Richard, La Lorraine pour les nuls. Paris 2012
Dehio, Georg, Handbuch der Deutschen Kunstdenkmäler, Rheinland-Pfalz, Saarland. Deutscher Kunstverlag 1984
Dom Calmet, Auguste, Histoire ecclésiastique et civile de Lorraine. Nancy 1728
Duby, Georges, Histoire de la France. Des origines à nos jours. Paris 2011
Emmerling, Hans, In einem nahen Land. Saarbrücken 2009
Karge, Gernot, Mit dem Verein unterwegs – eine Wanderung im Raum Niedaltdorf-Schwerdorff. Unsere Heimat 23-1998
Kieffer, Jean-Louis, **Montelle,** Édith, De Nittnix un anner Zälcher. Woippy 1994
Martin, Philippe, Pèlerins de Lorraine. Metz 1997
Mehling, Marianne, Knaurs Kulturführer Lothringen. München 1995
Oberhauser, Gabriele, Wallfahrten und Kultstätten im Saarland – Von der Quellenverehrung zur Marienerscheinung. Saarbrücken 1992
Silvanus, Monika, Gemeinde Rehlingen-Siersburg, (Hrsg.), Grenzland-Erinnerungen – Souvenir d'une région frontalière. Homburg 1998
Wilcken, Niels, Architektur im Grenzraum – Das öffentliche Bauwesen in Elsass-Lothringen 1871–1918. Saarbrücken 2000
Woltersdorff, Stefan, Literarisches Lothringen – Spaziergänge mit Dichtern und Denkern Europas. Saarbrücken 2012
Zimmermann, Walter, Die Kunstdenkmäler der Kreise Ottweiler und Saarlouis. Düsseldorf 1934
www.memotransfront.uni-saarland.de (**Hudemann**, Rainer (Hrsg.), Stätten grenzüberschreitender Erinnerung. Saarbrücken 2009)

Das gallo-römische Erbe

Bächthold-Stäubli, Hans, **Hoffmann-Krayer**, Eduard, Handwörterbuch des deutschen Aberglaubens. Berlin 1930, unveränderter Nachdruck 1986
Badisches Landesmuseum Karlsruhe (Hrsg.), Imperium der Götter, Isis – Mithras – Christus, Kulte und Religionen im Römischen Reich. Stuttgart 2013
Dehnke, Erhard, Hérapel. Saarheimat 11–1961
Forse, Josef, Geschichte der Orte und Pfarreien Großhemmersdorf und Kerprichhemmersdorf. Trier, 1980
Keune, Johann B., Vorgeschichtliches und Geschichtliches bis zum Ausgang der Römerherrschaft, in **Ruppel**, A. (Hrsg.), Lothringen und seine Hauptstadt. Metz 1913
Klemm, Werner, **Eggers**, Hans-Dieter, **Fries**, Hermann Otto, Die Römer im Niedtal. Jahreskalender des HVV Siersburg 2003
Kolling, Alfons, Eine „Hansa-Schüssel" und merowingerzeitliche Gräber am Platz der ehemaligen Martinskirche von Kerprich-Hemmersdorf (Saarland). 25./26. Bericht der staatlichen Denkmalpflege im Saarland. Saarbrücken 1978/1979
Maisant, Hermann, Der Kreis Saarlouis in vor- und frühgeschichtlicher Zeit. Saarlouis 1971
Melcher, Ralph (Hrsg.), An heiliger Stätte – Römische Kulte und Heiligtümer an der Saar. Saarbrücken 2006
Miron, Andrei (Hrsg.), Das gallo-römische Quellheiligtum von Ihn (Kreis Saarlouis). Saarbrücken 1994
Schumacher, Franz-Josef, Die Merowingerzeit, in: Das römische Pachten und seine Umgebung. Dillingen 2000

Kirchen

Bajetti, Paul, Numéro spécial consacré à l'église de Boulay. Cahiers des Pays de la Nied, 33-2000
Dicop, Nicolas, Bouzonville et son abbaye. Metz 1978
Grein, Erhard, Siersdorf im Spiegel seiner Geschichte. Siersburg 2000
Henigfeld, Gérard, S.H.A.N., Église Saint-Étienne de Boulay. Boulay 1999
Henigfeld, Gérard, S.H.A.N., Die Kirche von Valmunster. Boulay 1994
Kath. Kirchengemeinde Gerlfangen (Hrsg.), Festschrift zur Konsekration der Pfarrkirche „Kreuzerhöhung" in Gerlfangen. Gerlfangen 1966
Kath. Pfarramt Biringen-Oberesch (Hrsg.), Festschrift zur Weihe der Filialkirche „St. Antonius des Einsiedlers". Oberesch 1970
Kath. Kirchengemeinde Siersburg (Hrsg.), Kirche und Pfarrei St. Martin Itzbach. Siersburg 1987
Kath. Pfarrgemeinde St. Martin (Hrsg.), 250 Jahre Pfarrkirche St. Martin. Siersburg 2008
Klemm, Werner, **Eggers**, Hans-Dieter, Nicolas Custers unfreiwillige Fahrt nach Amerika. Saarbrücken 2007
Pacem, Alfred, **Karge**, Gernot, **Grein**, Erhard et al., Niedaltdorf und seine Geschichte. Niedaltdorf 2003
Pacem, Alfred, St. Rufus Kirche in Niedaltdorf. Niedaltdorf 1973
Pfarrgemeinderat Rehlingen (Hrsg.), Festschrift zur Weihe der Pfarrkirche St. Nikolaus Rehlingen. Rehlingen 1973
Prouveur, Jean-Pierre, Übersetzung **Dr. Albin Ludwig** und **P. Kiren**, Abbatiale Sainte-Croix de Bouzonville, Besichtigungshinweise. Bouzonville 2000
http://de.wikipedia.org/wiki/Nissenh%C3%BCtte (Nissenhütte)
http://cteparstbenoit.free.fr/églises/bouzonville/bouzonville.php?contenu=histoire_bouzonville (Abteikirche Bouzonville)

Klöster und Abteien

Association des Amis des Sites de Saint-Hubert (Hrsg.), L'abbaye cistercienne Notre-Dame de Villers-Bettnach. Florange 2008
Benoit, Jean-Denis, L'Abbaye cistercienne de Freistroff. S.H.A.N., Boulay 1992
Dicop, Nicolas, Bouzonville et son abbaye. Metz 1978
Pacem, Alfred, Die Klosterstiftung in Niedaltdorf. Niedaltdorf 2004

Trapp, Thomas, Die Zisterzienserabtei Weiler-Bettnach (Villers-Bettnach) im Hoch- und Spätmittelalter. Sbr. 1996
http://www.shpn.fr/page10/page27/page75/page75.html, (St. Avold)
http://hackspill.over-blog.com/article-25136020.html, (Freistroff)
http://fr.wikipedia.org/wiki/T%C3%A9terchen (Teterchen)
http://www.bruderjohannesstiehle.de/ (Teterchen)

Wegekreuze

Heckler, Marie-Madeleine, Histoire des Croix de Bouzonville. Cahiers des Pays de la Nied 48-2007
Klemm, Werner, Kreuze im Niedtal. Jahreskalender des HVV Siersburg 2005
Morhain, André, Le calvaire Burtin-Jeunhomme. Cahiers des Pays de la Nied 55-2011
Müller, Guido, Der Brudermord von Rehlingen ist eine Legende. Unsere Heimat 18-1993
Ollinger, Klaus, Wegekreuze auf dem Muschelkalk, Teil 1: Wegekreuze in Hemmersdorf. Unsere Heimat 18-1993
Ollinger, Klaus, Wegekreuze auf dem Muschelkalk, Teil 3. Unsere Heimat 22-1997 und 23-1998
Semin, Bernard, Le Calvaire de Flasgarten-Guinkirchen. Cahiers des pays de la Nied 46-2006

Kreuzwege

Müller, Guido, Die Geschichte des Limbergs und der Einwohner von Oberlimberg 1706–1875. Saarbrücken 1987
Thinnes, Margarethe, Wegekreuze und Bildstöcke im Saarland. Saarbrücken 1985
http://cteparstbenoit.free.fr/belle_croix/belle_croix_et_chemin_de_croix_va.html (Kreuzweg Bouzonville)

Ossuarien

Lang, Jean Michel, Ossuaires De Lorraine – Un Aspect Oublié Des Morts. Metz 1998

Marienverehrung

Jenner, Ottmar, 50 Jahre Marienkapelle in Rehlingen. Rehlingen 1999
König, Benno, Kapellen im Saarland – Volks- und Kulturgut. Saarwellingen 2010
http://www.maria-heimsuchung-wadgassen.de/Remelfang.htm (Mariensäule Remelfang)
http://saintavold.catho.free.fr/Églises/Basilique%20Notre%20Dame/Visite_basilique.htm (Basilika Notre-Dame-de-Bon-Secours in St. Avold)

Heiligenverehrung

Association des Conservateurs des Collections publiques de France, Comme on connaît ses saints, on les honore, Sarrebourg 1993
Heckler, Marie-Madeleine, Le pape Léon IX. Cahiers des Pays de la Nied 39-2003
Heinz, Andreas, Heilige im Saarland. Saarbrücken 1991
Heinz, Andreas, Glaubenszeugen und Fürsprecher – Die Heiligen des Saarlandes. Saarbrücken 1980
Jacobus de Voragine, Legenda aurea (13. Jh.). Dt. Ausgabe Manesse. Zürich 1982
Neutzling, Manfred, Oranna ist eine Reise wert. Unsere Heimat 4-1981
Sellner, Albert Chistian, Immerwährender Heiligenkalender. Frankfurt am Main 1993
www.heiligenlexikon.de

Spuren der Kriege

Becker, Gabriel, Le Camp du Ban-Saint-Jean. Boulay 2001
Hubatsch, Walter, Deutschland im Weltkrieg 1914 – 1918. Frankfurt/Main – Berlin 1966
http://en.ww2awards.com/person/42833 (Geschichte des Private Napier in Itzbach 1944)
http://www.abmc.gov/cemeteries/cemeteries/lo.php (Übersicht über Militärfriedhof St. Avold)
http://www.abmc.gov/publications/CemeteryBooklets/Lorraine_Booklet.pdf (Ausführliche Beschreibung des Militärfriedhofs von St. Avold)
http://www.gunterdemnig.de/ (Stolpersteine)

Die Hugenotten

Léonard, Elna, Die Hugenotten in Courcelles-Chaussy – Die Protestantische Kirche Wilhelms II. Courcelles-Chaussy um 2004
Herrmann, Hans-Walter, Die Hugenottengemeinde Ludweiler (Geschichtsblätter der DHG). Karlshafen 1998
Office de Tourisme, Le sentier des Huguenots – Chemin de l'espoir et da la liberté. Saint-Avold 2001
http://www.memotransfront.uni-saarland.de/hugenotten_wanderweg.shtml (**Krebs**, Gerhild, Historischer Hugenotten-Wanderweg - Sentier des Huguenots)

Judentum

Erel, Pierre, La synagogue de Freistroff, un lieu de mémoire. Freistroff infos 19-2013
Journée européenne de la culture juive. Festschrift Moselle, 3. September 2000
Klemm, Werner (Hrsg.), Lothar Kahn – Der Weg ins Exil. Saarlouis 2001
Klemm, Werner, Das Schicksal der letzten Juden aus Siersburg. Unsere Heimat 4-1999
Müller, Werner, Die jüdische Minderheit im Kreis Saarlouis. St. Ingbert 1993
Salm, Ulrich, Ortschaft Glatigny erinnert an jüdischen Märtyrer. Jüdische Allgemeine (Zeitung) vom 1. April 2014
Schumann, Henry, Mémoire des communautés juives de Moselle. Metz 1999
Decomps, Claire, Sur les traces du patrimoine juif mosellan. Boulay. Faltblatt 2014
www.shpn.fr, (**Flaus**, Pascal, **Pichler** André, **Rosenfeld** Claude, La synagogue de Saint-Avold et les Lieux de mémoire)
http:/www.stolpersteine.eu/start/

Islam

http://islam.de/
http://www.trouvetamosquee.fr/category/mosquees-de-france/
http://www.geistigenahrung.org/ftopic1407.html (Islam)

Opere completo saltat auctor pede laeto.
(Spruch aus einem mittelalterlichen Scriptorium)

Dank

Das beste Ergebnis schafft nicht einer allein, sondern viele gemeinsam. Im Gespräch, beim Zusammensitzen und Auseinandersetzen, in der Art wie wir einander sehen, in dem Raum, den wir einander geben, in den Ideen, mit denen wir ihn füllen. Das Beste entsteht zwischen den Menschen – durch die Kommunikation. So konnte auch dieses Buch nur mit Unterstützung zahlreicher Freunde des Niedtales entstehen, denen wir an dieser Stelle herzlich danken:

Herrn Minister Reinhold Jost als Ideengeber, Herrn Generalkonsul Frédéric Joureau, Saarbrücken und Herrn Bürgermeister Martin Silvanus sowie Frau Margit Heinrich, Rehlingen-Siersburg.

Historische Fotos, Karten und Literatur haben uns zur Verfügung gestellt:
Antiquariat Barbian-Grund, Saarbrücken; Hermann Conrad, Rehlingen; Pierre Erel, Freistroff; Erhard Grein, Siersburg; Marie-Madeleine Heckler, Bouzonville; Werner Heinrich, Siersburg; Dr. Volker Heitz, Siersburg; Josef Hilt, Rehlingen; Ferdinand Kappenberg, Rehlingen; Hans Peter Klauck, Saarwellingen; Madeleine Lambotrissel, St. Hubert; Marlene Lauer, Oberesch; Bodo Menzler, Siersburg; Günter Molitor, Niedaltdorf; Johannes Monter, Hemmersdorf; Theresia Müller, Gerlfangen; Helmut Plewka, Dillingen-Pachten; Hubert Regnery, Hemmersdorf; Dr. Franz-Josef Schumacher, Saarbrücken; Henry Schumann, Metz; Studio Photophant, Siersburg; Dietmar Ullrich, Siersburg; Arthur Wagner, Saarlouis; Raymund Weill, Strasbourg.
Wir danken unseren durch die Arbeit an unserem Buch neu gewonnenen französischen Freunden der AFU (Gabriel Becker, Ban Saint-Jean), der S.H.A.N. in Boulay, dem Syndicat d'Initiative in Courcelles-Chaussy und M. Jacques Py in Villers-Bettnach für ihre Hilfe und ihre Gastfreundschaft.

Technische Hilfe erhielten wir von Frank Lehnen (mediaserv Merzig) und Christian Malessa (Malessa Kommunikation Köln und Siersburg), der uns bei allen Layout-Fragen eine große Hilfe war, sowie Frau Mechthild Hilt aus Niedaltdorf.

Ein ganz besonderer Dank gilt unseren Korrektoren Hilla Maria Heintz (BDÜ) aus Saarbrücken ebenso wie Beatrix und Fritz Rüdell aus Siersburg für ihre kompetente und akribische Arbeit und ihre zahlreichen Denkanstöße, sowie Hans-Joachim Martin, der über seine fleißige Übersetzertätigkeit hinaus wertvolle Anregungen gegeben hat, und all den Ungenannten, deren Namen wir – unbeabsichtigt – nicht erwähnt haben.

Außer bei den Sponsoren, die ungenannt bleiben wollen, bedanken wir uns auch bei:

LOTTO Saartoto

Kreissparkasse Saarlouis

SHS Foundation

Ministerium für Bildung und Kultur SAARLAND